Causeries vagabondes

Recueil

Textes & poèmes

Laurent Maero

(alias Lorenzo)

ISBN : 978-2-9577109-2-8

Éditeur : Laurent Maero auteur
376 Chemin de la Ferme de l'Hubac
83560 Artigues

Avant-propos

L'écriture fragmentaire est riche de plusieurs couleurs.

Cet ouvrage est le second recueil d'une trilogie, dont chaque volume est indépendant des autres. Le premier étant ***Voyage au sud de ma vie***, publié en 2021.
Si vous avez aimé voyager au sud de ma vie, dans une ambiance toute provençale et familiale, vous retrouverez dans ce recueil une continuité autobiographique sans rapport, cependant, avec le contenu du premier ouvrage. Ici, les thématiques sont axées sur la réflexion, la sagesse, l'engagement et la force vitale.
Causeries vagabondes est au croisement entre l'essai, le journal intime et des chroniques de la vie quotidienne (voir au dos).

Composition en huit parties :

1- Un ensemble de textes lumineux et transcendants qui sont autant d'élans vitaux et d'hymnes à la vie.
2- Des pensées, des méditations et des réflexions sur notre condition humaine et sur des expériences du quotidien.
3- Des réflexions sur la politique et la société.
4- Un ensemble de textes chargés de larmes, de colère et de tribulations.
5- Des considérations animalières.
6- Des textes relatifs au cinéma vu comme une thérapie.
7- Un florilège de poèmes.
8- Des « au revoir » en guise de conclusion.

Ma devise : « *S'ébaubir toujours, s'ébaudir encore.* »

Laurent Maero (alias *Lorenzo*)

À ma mère,
Pierrette Maero
(Lafforgue de son nom de "jeune-fille en fleurs"),
qui aime tant quand je la nomme « maman ».

Première partie

Hymnes à la vie

Silence de neige

Silence de neige sur tour d'ivoire,
Présence au monde malgré l'exil,
Peau d'absence sur lien de chair,
Cœur fumant sous rideau rouge,
Je suis là.

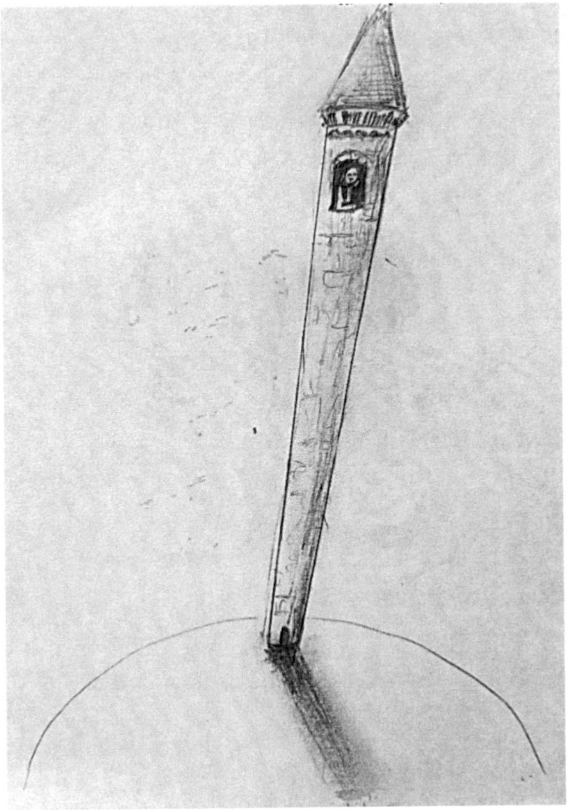

Illustration de Philippe Laprade

Transcendance

Transcendance. Le mot est lâché ! Le saint Graal, la quête d'un état.
Mieux que le bonheur, mieux que l'extase : connaître la transcendance.
Entrer en contact avec les vibrations du cœur tout puissant.
Où te caches-tu ?
Vers quel lieu mouvoir mon corps ?
Vers quelle lumière mouvoir mon âme ?
Sous mes pieds, tout est si plat.
Pour t'aller débusquer, l'amour même se refuse à m'accompagner.
Donner, partager, mais… vivre au-dessus de sa tête, inspirer jusqu'à éclater…
Comment faire pour accéder à l'épanouissement total, au sourire béat qui illumine le monde ?
Au diable les claques et les camouflets !
Fi des déceptions et des raisonneurs !
Le Romantisme pour seule arme !
L'amour, la mort, la passion, la fougue, lancés à vive allure !
Cavales débridées, au train d'enfer, sur les grands chemins torturés !
Bestialité indomptable, instinct déraisonnable qui se repaît d'aimer l'homme, la femme, l'enfant, l'humanité.

L'autel du possible

Bâtisseur inébranlable, je construis, je construis, je construis, je construis sans cesse et sans répit, je construis ma vie. Inlassable, infatigable, mon cœur s'émeut, mon cœur s'emballe, puis mon cœur se crispe et se tourmente. Éternel faiseur, sempiternel diseur, j'échafaude, je raboute, j'édifie et j'ajoute... Une fois fini, j'abandonne... j'abandonne mon ouvrage et me livre, sans gage, à d'autres desseins porteurs de fruits.
Oublier le labeur et la peine pour garder l'âme sereine. Ne plus rien posséder que la joie de l'homme léger. Partir pour anéantir. Revenir pour chercher le feu du lieu sans jamais mentir, sans jamais trahir. Donner, céder, jeter, se débarrasser de ses vieilles affaires. Faire peau neuve, laissant derrière soi le fardeau du passé. N'être que présent, ne pas peser plus que le vent. À la dérive de l'envie, au gré du grain, sentir la fraîcheur des prairies et le sanglot de l'oubli qui s'accroche à notre mémoire, comme nos gènes à notre histoire. Cela paraît si simple sur le papier, mais tout est si lourd hors de l'encrier, tout est si profondément ancré dans nos vies. Le chemin est long, la quête difficile mais qu'importe. J'insiste, je persévère, je m'entête et m'enhardis.
Je n'ai pas peur. Vous entendez ? Je n'ai point peur, vous dis-je ! La peur est un endroit froid et morne, désolé et lugubre où le cœur est asservi, torturé et meurtri. Moi, je vide les Gémonies des cadavres terrorisés par ce fantôme de l'esprit. La peur paralyse, alors je la brise. Sous son joug, nulle liberté, tout est pesé et calibré. Moi je raffole de folie douce comme la peau de l'homme dans mon lit. Un jour-là, l'autre ici, je voyage dans mon beau pays. Pour

l'heure, ces voyages sont balbutiants tout comme ma volonté de géant, mais demain est un territoire vierge que je dépucelle à coups de cierge dressé sur l'autel du possible.

Illustration de Philippe Laprade

Vagabond de la vie

-1998-

Pourquoi n'ai-je pas la capacité de me contraindre ? C'est inouï ! Rétif à tous freins, à tous liens, vagabond de la vie, bon à tout, bon à rien ! Ma lenteur, mon oisiveté, ma fainéantise, ma nonchalance, ma somnolence et ma solitude me perdront un jour ou l'autre, mais de préférence l'autre ! Cependant, chaque jour qui passe me rapproche de moi-même. Je dois m'accepter tel que je suis, avec mes caprices, mes projets irréalisés, voire irréalisables, mes envies, mes lubies, mes engouements brusquement délaissés.

Bref, je pense donc je suis ou bien, je bande donc je jouis et ce n'est déjà pas si mal… Quel étrange petit homme je fais. Physiquement, j'ai perdu mon allure et mon aspect d'adolescent, je suis devenu un homme recouvert d'une matière souple, légèrement enrobé, je ne suis plus le jeune homme sec d'autrefois, qui faisait saillir ses muscles cultivés par des haltères, des tractions et la course à pied. Le culte du moi s'est transformé en plaisir d'être papa et mari, de surcroît. Mon regard a changé d'endroit, les bourrelets et les biberons achèvent ma transformation.

Tailler la route

Tailler la route.
Seul, comme je l'ai toujours été ou seul comme je le suis devenu.
Partir avec peu.
Voyager, changer d'air.
Boire un café offert sur le chemin.
Observer les hommes et leurs manières.
Se souvenir d'un homme, assis sur le seuil de sa porte, face à deux oliviers plantés devant deux palmiers. Un homme assis au soleil, paisible, laissant le vent balayer son champ de vision, contemplant sa propriété entourée de chênes bien enracinés.
Se souvenir d'un homme qui croyait aux racines profondes, pérennes et solides.
Une vie qui ne veut pas mourir, mais qui n'a pas d'autre issue.
Une vie construite avec des pierres et du vent, avec des arbres et de la terre, une vie avec un foyer où le feu crépitait pour chanter la joie d'une maison où habitaient l'homme, la femme et l'enfant.
Une vie avec les bruits familiers d'une famille, remplie de rires, de pleurs, de cris, de colère, de soupirs et de voix.
Prendre son viatique et partir.
Liquider cette vie qui doit mourir et que je ne veux pas tout à fait quitter. Vendre et se partager la dépouille.
Tailler la route, les poches pleines pour mieux vider une tête encombrée par le cadavre souriant d'une vie sans sépulture.

Marcher devant soi, jusqu'à trouver, enfin, l'endroit où enterrer cette vie, lourde à porter pour les épaules du voyageur.

Enterrer le foyer dans un sol étranger.

Disperser les cendres des rires et des pleurs en proie au vent.

Ensevelir ses chaînes, qui, naguère encore, avaient l'apparence de racines rassurantes et tranquilles.

Tailler la route et se libérer du poids de ses vieilles chaînes.

Illustration de Philippe Laprade

Marcher pieds nus

Marcher pieds nus est une allégorie du chemin de la vie. Toutes les sensations agréables et désagréables captées par les plantes sont directement transmises au cerveau.
Durant un parcours, notre vie, avec ses heurs et ses malheurs, défile sous nos pieds.
Des blessures, des coups, du froid, du mouillé, de la saleté, du brûlant, du rugueux, du pointu, du piquant, du coupant, mais aussi du chaud, du doux, du meuble, du tendre, du frais.
Il y a une dimension christique à avancer sur son chemin sans protection, les pieds en proie aux obstacles, aux agressions et aux dangers de la route. L'humilité aussi, la proximité, au contact même de l'humus, sans l'intermédiaire de la semelle qui nous coupe du sol et empêche l'enracinement.
En outre, il faut savoir doser le poids et l'intention de chaque pas, suivant la nature du sol foulé. On ne posera pas son pied avec la même intensité si le terrain est pierreux ou lisse.
Ne pas hésiter, donner à voir une marche égale, le pied toujours à plat.
Le secret réside dans l’appui faible, moyen ou lourd qui déterminera le rythme de la marche.
Ralentir suffit parfois à parcourir des chemins difficiles, tout comme dans la vie.
Si la voie est dégagée, on pourra, au contraire, presser le pas.
Comme l'animal que nous oublions d’être, souvent par excès de rupture, d'isolement, d'hygiène et d'aseptisation,

le corps entier se mobilise pour aider, préserver et accompagner les pieds nus dans la marche.
Toujours vigilants, le cerveau et les muscles, jusque-là passifs et confiants dans les souliers, reprennent du service. Le corps est à nouveau unifié de la tête aux pieds et connecté avec l'univers, avec toute la puissance tellurique directement reçue, emmagasinée et transformée dans notre corps en énergie positive.
Le fait d’avancer sans carapace désarçonne les passants chaussés.
La vue d'un homme, pieds nus, renvoie l'image de la fragilité, de la vérité, de la sincérité, de l'innocence, de l'origine du monde, de la matrice, de la terre mère ; mais aussi de la pauvreté, de la Passion du Christ, du chemin de croix, du Calvaire, et encore de l’Orient, de l'Afrique et de l'Inde. L’image de l'homme lointain, du voyageur solitaire qui fait corps avec son périple.

Le travail de la terre

Comment expliquer ce sentiment de plénitude et de puissance qui me fortifie et me comble lorsque je travaille dehors, à de gros chantiers, à même la terre, telle la tranchée pour l'adduction d'eau que je réalise actuellement dans le ravin ?
Cela me rend heureux et puissamment vivant. Mon corps est en action, mes muscles sont réjouis d'être sollicités pour une bonne cause. Le chantier avance, la sueur coule, le souffle se fait entendre, souvent. Un travail simple, ancestral, avec des outils de toujours. Abraham, Moïse, Jésus et Laurent ! Tous frères, tous unis dans le labeur pur et sain du travail de la terre. Le lien terrestre avec le sol, la pierre, l'eau, le vent, les arbres, les branches feuillues, les feuilles et l'humus. Tout cela m'étourdit parfois et me fait toucher du doigt la beauté du monde, dans sa simplicité originelle.
J'aime cette idée de terre immémoriale et généreuse, capable de revigorer et de ranimer les âmes taciturnes.
Le silence de la nature engendre la paix du cœur. De là jaillit l'harmonie de l'homme avec les éléments, la joie de l'homme à se prodiguer tant et plus parmi le sel de la terre. La fierté de la tâche accomplie, le corps fatigué de bonne fatigue, la douche réparatrice et le repos mérité de l'éternel paysan laboureur, de l'ancestral bâtisseur, charpentier et manouvrier.

Mon père est toujours là, qui supervise le chantier, veillant à ce que tout se déroule au mieux, me guidant dans mes choix et dans mes gestes. C'est un moment de communion intense avec lui et avec la nature. Il est partout: du chant du vent au moelleux de la terre.

La nature du besoin

Je n'ai pas forcément besoin d'apprendre, de lire ni d'enrichir mon savoir culturel.
J'ai aussi besoin d'observer, de comprendre, d'expérimenter et de faire.
Besoin de sentir, de ressentir, d'écouter, de regarder tout simplement la nature, les animaux et mes semblables.
Ces besoins me sont propres et diffèrents des nécessités requises par la société. Un homme se doit de posséder ou bien d'acquérir certaines compétences ou connaissances, dans le but de les mettre à profit au sein de la société. Que ce soit dans un domaine professionnel ou relationnel.
Les besoins que j'évoque ici n'obéissent à aucune injonction, ils sont immanents et évidents, naturellement liés à ma vie intérieure ; liés à cette vie qui coule en moi, sans pressions ni contraintes. Voilà pourquoi la culpabilité n'est pas de mise dans ce constat. Mes besoins évoluent en fonction de mes désirs, de mes envies, de mes possibilités, de ma condition physique ou intellectuelle. En un mot, ce sont des besoins *instinctifs* que j'accueille en médicaments du corps et de l'esprit. Opposés aux nécessités socio-professionnelles, mes petits besoins sont autant de petites victoires sur l'aliénation sournoise qui vise à confondre les deux notions, dans un brouillard de cupidité, de gain et de productivité.
Présentement, j'ai grand besoin de terre et de nature. À plus tard les livres et la culture. Être à l'écoute de ses besoins primaires nous délivre de bien de frustrations délétères.

Les moments privilégiés

Je pense soudain à une expression qui m'est chère: "moments privilégiés". Quelques instants de tendresse bénis des dieux dans ce monde d'échardes. Quelques moments magiques où plus rien ne compte : le passé est enterré, l'avenir ne verra pas le jour. Seul existe le présent et ses sensations, sa substance matérielle, sa réalité épicurienne... ce qu'on appelle la vie. Peu importe la durée de cet instant, qu'il soit fugitif, fugace, qu'il dure une heure, cinq minutes ou bien plusieurs jours.
J'en ai tellement engrangé dans mon grenier !

Je pourrai subir les chaînes, connaitre la morsure du fouet, la blessure des fers, la tristesse du bélître. La richesse est dans le cœur, la richesse est dans la mémoire. La madeleine de Proust n'existe que par le souvenir.
Le bonheur est dans le pré. Si on a su l'attraper, on doit ensuite pouvoir le remiser dans le fenil de la pensée. Tous ces instants privilégiés sont nos réserves contre les agressions extérieures, contre les peines et les chagrins du cœur. Il faut vivre et se souvenir d'avoir vécu. Le bonheur existe, il s'appelle "moments privilégiés".

Je suis à l’abri

Rêve

Je suis dans une grande maison.
Un étage sans cloison, avec un plancher, abrite un grenier vaste et mansardé.
L'océan d'un côté.
Les vagues immenses engloutissent la maison, passent au-dessus du toit et enveloppent la bâtisse.
La maison est robuste et paisible.
Ce n'est pas un combat. Pas une agression d'une part et une résistance de l'autre.
C‘est un mouvement perpétuel d'harmonie avec la force et le fracas des éléments, recouvrant une maison immobile et protectrice.
Dans le grenier, comme en exposition sur un balcon avec des balustres en arc de cercle : des jouets en bois, très gros et colorés.

Frères et sœurs

-Les années 90-

En Ardèche, avec mon ex-belle famille

Tiens, un frère, tiens une sœur, oh, encore une autre là-bas!
Ma parole, ce sont des champignons !
En voilà une troisième qui m'emmène, elle me prend par la main et murmure à mon oreille des mots sucrés, des mots groseille.
Notre sang est différent mais notre chant est ressemblant, c'est du pareil au même, vraiment.
J'étais nu, me voilà vêtu d'habits de lumière, couleur bruyère, couleur océan.
Grâce à toi mon amour, j'ai hérité de p'tits zamours qui peuplent mes jours depuis ...toujours.
Famille je vous aime, famille qui pleure, famille qui rit, vous êtes mes fleurs, vous êtes mes chéris.
En mon cœur trouvez votre demeure, au fil des ans restez fidèles à votre " grand frère " qui puise en vous le sel de sa terre, qui s'émerveille de votre chaleur fraternelle, de votre existence charnelle, qui vous aime.

La chambre bibliothèque

-Période poétique-

J'aime le silence étouffé qui règne dans la petite chambre-bibliothèque. Les livres ont façonné la pièce ou plutôt, ils en ont transformé l'acoustique. Je viens de m'apercevoir de cette métamorphose, tandis que j'étais assis, l'esprit léger, sur le fauteuil crapaud revêtu de son plaid oriental. Même en ayant laissé la porte ouverte, le charme opère encore, distillant apaisement et sérénité. En franchissant le seuil pour en sortir, on retourne dans le monde. Ce lieu d'abandon et de paix intérieure est une de mes richesses.
Choisir mes fruits et mes légumes, les disposer dans la corbeille, les émincer, les éplucher et les savourer chaque jour, en est une autre.
Il m'en vient quelques-unes pêle-mêle : aux beaux jours, pisser dehors sur mon terrain, tout au long de la journée, déambuler nu du matin au soir, boire mon grand verre d'eau matinal, les yeux dans l'azur et les pieds enracinés sur les stries chaudes du caillebotis ; préparer ma coupe de fruits du petit déjeuner et la déguster, assis sur le banc, en observant le ciel et les chênes verdoyer, l'oreille dédiée aux chants rivaux des cigales et des oiseaux; marcher pieds nus, tout le temps et n'importe où, demeurer des heures durant sans bruits, sans musique, sans images... juste accompagné du chant de la nature et du vent; prendre le temps dans mes mains et le regarder s'écouler avec une joie béate.

-Période polémique-

D'aucuns me diront avare, car je serre mes dépenses et veille à mes déplacements. Il est vrai que j'ai peu d'argent pour vivre au quotidien, mais il est aussi vrai que je n'ai pas de réveil, pas de patron, pas d'ordres, pas de contraintes (exceptées les miennes), pas de cadences, pas de pression, pas d'objectifs de production. Je choisis mon gagne-pain et cherche à ne pas le subir. Alors oui, je pourrais retourner dans le grand moule, bien sécurisant, bien normé, bien esclavagiste et gagner bien plus que mon pain, mais je préfère mon peu qui me donne tant. Une pauvreté relative qui m'octroie une richesse incommensurable et non négociable : ma liberté. Un choix de vie rendu possible par un enchaînement de circonstances heureuses et malheureuses que je défends mordicus, au prix de quelques incompréhensions et critiques. Quelle joie que de pouvoir rêver hors du temps, assis sur le fauteuil crapaud de la chambre-bibliothèque !

Michelle

-2013-

Mardi soir, alors que commençait le cours d'italien, une élève s'est sentie défaillir, elle est tombée sur sa chaise et a eu des bouffées de chaleur, ses membres se sont mis à bouger de façon désordonnée. Le petit groupe que nous étions a appelé les pompiers.
Tandis que ces derniers l'allongeaient sur le brancard en la revêtant de la couverture de survie, elle disait :

- Je ne sens plus mon bras gauche, où est ma main gauche?

Sa tension était de 8.4. Les pompiers l'ont emmenée aux Urgences d'Aix-en-Provence. Elle en est ressortie le lendemain, mercredi.
Aujourd'hui, n'ayant pas de nouvelles, depuis le soir même du premier accident où sa tension était remontée, j'ai appelé Michelle. Je suis tombé sur sa messagerie et lui ai dit que je venais aux nouvelles, qu'elle nous avait fait peur mardi soir, que je l'embrassais fort et que j'appellerai son mari. Je conclus en lui disant :

- À bientôt.

Son mari a pris mon appel. Je lui ai dit que je venais prendre des nouvelles de Michelle.

- On ne vous a pas mis au courant ? Michelle est décédée hier soir.

Vers 18h00, hier, un second AVC implacable la cloue dans son lit. Son mari lui prodigue alors un massage cardiaque et les pompiers interviennent de nouveau, mais sans succès. Michelle est morte.

Comment rendre ce sentiment formidable de confusion et de détresse ? Je ne saurais dire. Michelle avait 53 ans. En partant du cours, nous lui avons tous dit :

- À mardi prochain, tu es obligée de revenir, sinon nous ne serons plus assez nombreux et le cours s'arrêtera.

Elle a répliqué sur son brancard :

- Bien sûr, je compte bien revenir, en plus je n'ai pas payé mon mois ! Je suis désolée pour vous, mais je le suis encore plus pour moi ! Je suis habituée à faire des chutes de tension, j'ai des problèmes de tension artérielle, c'est la troisième fois que les pompiers se déplacent. Ça m'a fait peur. Chaque fois que j'ai une chute de tension, ça me fait peur.
Sa bouche commençait à se tordre et nous comprenions difficilement ses paroles. Nous avions compris et ressenti sa peur de mourir. Pourquoi est-ce que j'écris cela ? Peut-être pour écrire à chaud, la précarité et la fragilité de la vie humaine. Certainement pour écrire des lieux communs, des platitudes, des considérations rebattues sur la fugacité de la vie, peut-être pour vous dire " Vivez intensément chaque minute de votre existence ", en pensant fermement et sincèrement qu'il ne s'agit pas du tout d'un lieu commun. Peut-être parce-que mardi Michelle était là et que mercredi elle avait passé. Elle a eu peur de mourir Michèle... je vais essayer, de mon côté, ne pas avoir peur de vivre. Je suis bouleversé, on le serait à moins, mais le rire de Michelle, je l'emporte dans mes souvenirs et c'est avec force et envie que je veux vivre au jour le jour.

Ode à la vie

À lire voix haute, sur un ton emphatique, rapide et déclamatoire ! Que vole la force vitale de la poésie libérée et libératrice !!!

Jusqu'au boutiste abouti,
J'aboule et j'emboutis,
Aboulies d'âmes abruties,
Éboulis d'êtres engloutis,
J'alouvis[1] vos tristes tyrannies,
Déboulent les abrupts abattis !
Chamboulent les buts établis !
Je bleuis vos ampoules sans vie,
Peu d'envies d'être envahi
Par vos joliesses dépolies,
J'oublie les pluies alenties,
J'enjolive les plis de vos ris,
J'aplatis les pâles poches empuanties,
Je brandis, je roidis et j'agis.
Je déplie les lourds boutis de vos lits,
D'amour tout alanguis d'ondes d'envies,
J'anéantis le temps de la nuit ourdi
Pour qu'arrive l'ennui, suie de l'âme ennemie.
Homme ébaubi, je t'adoube et t'enhardis,
Te voilà séant, bel esprit empli de saillies,
Fort de ton vit vif, faiseur de boutis[2],
Tu resplendis dans tes braies ennoblies.
Homme ébaudi, soulage ton ramage ébloui,
Jouis et blanchis les sources jadis louchies[3].

---

[1] J'affame
[2] Endroit où le sanglier a fouillé avec son boutoir
[3] troublées

Aimer les gens sans conditions

« *Je veux être un homme heureux* »
Vidéo De William Sheller chantant son succès au piano, accompagné par un cœur gigantesque.
Soudain, une prise de conscience éclair :

« Aimer les gens sans conditions. »

Pardonner à ceux qui ne m'ont pas tendu la main. Aimer mieux ceux qui m'ont ignoré. Trouver le moyen d'embrasser plus largement ceux qui m'ont délaissé. Changer en amour mon ressentiment.
Toujours m'élever vers la joie. Sourire sans chercher à sourire. Communier par l'amour d'autrui.
Trouver par quel biais rentrer en empathie avec celui qui n'a pas adhéré à ma proposition, avec celui qui ne m'a pas suivi. Me convaincre de sa bonté d'âme et comprendre que ce n'est pas parce que je n'ai pas su la gagner qu'elle n'existe pas. Comprendre que je n'ai pas emprunté le bon chemin pour rentrer en l'autre, pour entrer dans le pays de l'autre, en son pays.
L'autre n'a pas forcément agi par méchanceté, peut-être n'a-t-il simplement pas compris, parce que je n'ai pas emprunté la bonne route jusqu'à son cœur.
Chacun de nous étant différent, la voie pour rejoindre une personne est unique. La difficulté réside dans la recherche et dans la maîtrise de cette voie.
Pour y parvenir, il faut laisser de côté son orgueil et sa morgue. Pour rentrer en amour avec l'autre, comme on entre dans le cœur de sa moitié, il faut aussi se dépouiller

du manteau de l'amour-propre. Créer le lien, établir l'empathie pour ensuite vibrer ensemble, à l'unisson, sur les bonnes ondes, jusqu'alors ignorées. Voilà la tâche à accomplir.
L'écrire est une chose, la réaliser en est une autre.
Il est tellement plus simple de jeter la pierre, de tourner la page à la suite des talons plutôt que d'essayer, autrement, d'aborder et de créer le lien magique qui nous élèvera et, dans le même temps, élèvera l'autre, grâce au pont d'harmonie.
Plus nous créerons de ponts d'harmonie, plus notre être sera en joie et en amour, à l'intérieur comme à l'extérieur.

Illustration de Philippe Laprade

Le poète est un visionnaire

Le poète est un visionnaire. Le poète peut flotter au-dessus de la contingence, car il l'a comprise. Cette parfaite compréhension lui permet de devenir l'être d'esprit absolu, divaguant, sans limites et sans complaisances, dans des sphères plus éloignées, plus belles, plus esthétiques que ne le sont les cases étroites de la vie quotidienne.

Photo issue d'une représentation de la Pièce d'E-Ménard : ***En scène l'artiste !***

Le puzzle

Et dire qu'il faudra attendre le dernier souffle pour que la dernière pièce se mette en place. La construction d'un être est permanente. Tant qu'il y a de la vie en nous, il y a croissance de l'être. Sagesse et connaissance s'acquièrent tout au long d'une existence, aussi prodigieuse ou humble soit-elle.

Tout est déjà là. La donne établie depuis toujours, dans l'éternité du chant de la destinée.

Nous croyons encore lancer les dés quand nous-mêmes ne sommes que ces mêmes dés, plusieurs fois entrechoqués sur le tapis vert de l'arène humaine.

Une journée pleinement vécue est une journée pleinement accueillie dans la plénitude du sourire heureux.

Une rencontre, une phrase, un regard, un échange, un parfum, une caresse et le cœur se remplit.

Les passeurs de savoir sont aussi importants que les passeurs d'êtres humains, d'une zone de danger à un endroit paisible.

Les passeurs de liens entre les êtres sont aussi importants que les passeurs d'âmes, d'une rive à l'autre.

Je respire et je croîs, je croîs et je m'enrichis, comme la terre arable porte, en son sein, les fruits.

Tout est offert à celui qui sait ouvrir les bras.

Merci à tous d'être là, tout autour, au-dessus, en-dessous, avant, après et maintenant.

C'est avec vous que je grandis, nous formons une seule et même chaîne qui, de loin en loin, allume des fanaux, comme autant de relais aux souffles courts.

Des bouches-à-bouches vivants et aimants, des soufflets de forges aux derniers soupirs, des respirations hors d'haleine aux sifflements poussifs, nous sommes tous le vent de la vie.

Patiemment, chacun de nous, sachant ou ignorant, contribue à ce que jamais ne s'éteigne le don prométhéen.

Prométhée apportant le feu aux hommes (1817) - détail-
Heinrich Friedrich Füger

Vampate di gioia

Vi è mai capitato di provare certe vampate di gioia così intense ed irresistibili da sorridere, ridere, ballare e cantare senza nemmeno essere innamorati ? E' proprio quello che mi succede da qualche tempo... Stranissimo ma favoloso. Mi stanno bene queste ondate di felicità ! Una voglia golosa di condividere, di dare e di godere la vita.

Bouffées de joie

Vous est-il déjà arrivé d'éprouver certaines bouffées de joie si intenses et irrésistibles au point de sourire, rire, danser et chanter, sans pour autant être amoureux ? C'est justement ce qui m'arrive depuis peu. Très étrange mais fabuleux. Ces vagues de bonheur me vont bien ! Une envie gourmande de partager, de donner et de jouir de la vie.

Je serai heureux

-Décembre 2011-

Stéphan[4] m'apporte tout l'équilibre et toute la force des sentiments nécessaires à ma vie…mais je me prends à songer à de nouveaux horizons, un lieu où il ferait bon vivre, une maison, une terre. Je sais que la sève qui sommeille, en ce début d'hiver, ne tardera pas à monter avec la belle saison.

Plus d'un an que je dors dans cette petite chambre, dans mon lit de 90[5]. Je veux y croire. Mais il ne suffit pas d'y croire, il faut reprendre l'action, réamorcer la pompe du possible. Demain, je m'en occupe. Je me fixe le terme de 10 mois pour agir et tenter ma chance. Et si je ne réintègre pas ma maison, je n'aurai pas le regret de ne rien avoir essayé[6]. La vente est encore loin…Dix mois, même huit, cela me laisse encore du temps pour cogiter au mieux. Quand on vendrait, là aussi, j'aurais agi avec discernement et réflexion pour avoir de quoi voir venir[7].

Ma vie n'est pas dans ce statut précaire d'enseignant volant. Ma vie est ailleurs. Je vais avoir 40 ans. Il va falloir prendre le taureau par les cornes ! Il va falloir se jeter dans l'arène ! Je suis à la moitié de ma vie. J'ai réussi, à passer entre les gouttes de la contingence et de l'ennui, pour la plus grande partie de mon existence, mais, à présent, je fatigue, je traîne ma lassitude. Je vais, je

---

[4] Mon ex-copain

[5] Depuis le 25/09/2010, j'ai quitté ma villa pour m'installer seul, au chalet (Voir le premier recueil ***Voyage au sud de ma vie)***.

[6] du 14/02 au 20/04/2015 j'ai réintégré ma maison, en confrontation avec ma femme et ma fille. Bien mal m'en a pris !

[7] Notre villa sera vendue le 18/02/2015

dois renaître en cette quarantième année. Je ne peux pas me permettre de laisser passer le train, de rater le tournant ! c'est cette année 2012 où tout commence. Je me réalise pas à pas, je m'assume au sens propre, comme au sens figuré. Je suis fort, je me sens fort et capable, je suis aimé et j'aime à nouveau. À moi de tout mettre en œuvre pour faire les bons choix, pour repartir d'un bon pied et pour sortir de ce chalet avec le moins de pertes et de fracas possible. Toujours en Provence ? Ça dépendra.
Comme par superstition, je n'arrive même pas à écrire ici mes souhaits, mes désirs… Je me tais et agis en silence. Au printemps, les fruits seront apparus, les bourgeons et les fleurs commenceront à envahir la vie. Et moi, je marcherai dans l'odeur de cette renaissance ! L'encre au bout des doigts et les autres cordes bien tendues et prêtes à décocher leurs flèches, là où j'aurai décidé de frapper.

Je vais rebondir, mais ne certainement pas moisir ! Le destin veille sur mon bonheur et je veux croire que j'ai mangé mon pain noir. Si je suis fier de mes actes, alors je parviendrai à réaliser l'un de mes nombreux projets. Je veux y croire, j'y crois ! Une nouvelle ère va commencer. Deux mois de gestation avant mes quarante ans[8].

De la force, de la passion, de l'espérance, de l'optimisme et beaucoup d'amour. Une fois que je serai plus vaillant et reconstruit, je pourrai alors construire mon avenir. Ma nouvelle vie avec ses nouvelles orientations. Savoir ce que je ne veux plus, ce que j'abandonne ; quoi semer et conquérir pour vivre ma liberté, ma créativité et mon amour, loin du tumulte effréné de la société de consommation capitaliste et productiviste.
Je serai heureux. Je n'ai plus de temps à perdre. C'est dit.

---

[8] 17/02/2012

L'âme noire est en partance

Tes tenailles rougies lacèrent mes viscères.
Tu avales mes rêves et séquestres mes songes,
Tu éloignes la vie.

Je te chasse et te combats,
Je te vaincs et te brise,

L'âme noire est en partance.
Loin de moi, elle vogue.
Sur les flots du Styx, elle se consume.

Adieu, démon lugubre.
Je te chasse et t'oublie.

Peu à peu reviennent les couleurs,
Au beau milieu de mon cœur, je ris.
Je ris à pleines dents,
Avec l'envie de mordre l'air pur,
De voler dans l'azur.

« Et la lumière jaillira ! »

- Surveillant d'externat dans les années 1990, il m'arrivait parfois de me heurter à ma hiérarchie -

J'suis un con, entier et indivisible.
Orgueilleux peut-être, sincère, franc, loyal, droit, sûrement.
La lèche, connais pas.
Je n'ai pas la langue assez longue… Fidèle à moi-même, cabochard.
Heureux les mangeurs d'air pur ! À moi la liberté ! Toute ma vie « j'écrirai ton nom ».
Les chaînes pour les ilotes, le zéphyr pour les frondeurs !
Avancer à visage découvert, je peux dormir du sommeil du juste.
Comme le chantait Jacquot[9] : « Et la lumière jaillira ! »

[9] ***La lumière jaillira*** – (1958) - Jacques Brel, dont je me suis abreuvé durant mon adolescence, accompagné de Jean Ferrat et de Serge Reggiani.

Les voix rugissent

Les voix rugissent dans l'écrin nocturne,
Ici, les hommes ont des lèvres d'oiseaux,
Un lion musculeux dévore leur gorge fine,
Leur chant est un démon qui flambe les cieux.

Illustration de Philippe Laprade

En scène, l'artiste !

-2015/2016-

Un spectacle que j'ai joué deux fois dans sa première mise en scène, par Sylvie Levain, et puis une autre fois dans sa deuxième version, mise en scène par Jean-Pierre Bongi (deux amis que je ne remercierai jamais assez). Il en subsiste l'enregistrement amateur d'une répétition sur YouTube.[10] *Une aventure personnelle incroyable. Cinq mois d'apprentissage pour seulement trois petites représentations. Jamais je n'aurais cru pouvoir ainsi élargir ma mémoire. À peine avais-je lu la pièce, d'une traite, à haute voix, que je contactai l'auteure, sur Messenger.*

Bientôt seul en scène dans un monologue d'1h30.
Voilà plus de deux mois que je travaille, d'arrache-pied, une pièce d'Emmanuel Ménard, intitulée " *En scène l'artiste !* " Des considérations sur la vie, l'art, la folie et la nécessité absolue de la beauté comme étendard de l'humanité. Le tout avec un lyrisme, une profondeur et des émotions incroyables. Un beau moment de partage et de communion avec le public que nous nous efforçons de créer avec Sylvie Pérez Levain, ma metteuse en scène.
Quinze pages A4 de texte, à apprendre au rasoir, seul en scène, pendant plus d'une heure trente, avec une proposition à des années lumières des sempiternels et traditionnels "One man show", c'est pour moi, à l'aube de mes 44 ans, un défi sans précédent, que je dédie à mon père avec fierté et enthousiasme.

---

[10] Les liens sont à retrouver sur le site d'auteur : www.laurent-maero-auteur.com > Onglet **Bonus lecteurs**.

Des vagues de poésie sous tendues par une langue française admirablement riche et savoureuse.

La compagnie des odes à cieux
présente

En scène l'artiste !

Lundi 26 juin à 20h30 - Salle polyvalente d'Artigues

Monologue d'**Emmanuelle Ménard**
Mise en scène : **Jean-Pierre Bongi**
Interprété par **Laurent Maero**

Entrée: 5 euros

10-12-2015
02h19

Bonjour Emmanuelle,
Je viens de lire à voix haute votre monologue ***En scène l'artiste*** sur Proscenium et j'ai eu l'envie immédiate, emporté par l'énergie communiquée, de vous témoigner toute mon admiration. Je cherche un monologue à jouer mais j'ai bien peur de ne pas être à la hauteur, non pas en ce qui concerne le jeu, mais en regard de l'apprentissage ! Quelle mémoire d'éléphant faut-il à l'artiste et à l'homme pour s'approprier vos flots tonitruants ??? !!! Encore bravo ! J'aimerais beaucoup servir votre prose qui, somme toute, est un magnifique hymne poétique à la force vitale et à la beauté.
Mille merci.

Laurent

10-12-2015
8h58

Bonjour Laurent,
Un grand merci pour votre intérêt qui m'encourage à continuer ! Quant à la mémoire d'éléphant, peut-être faut-il simplement l'entraîner... Mais facile à dire !! Si jamais le texte vous intéresse vraiment, il est toujours possible de le couper... Encore merci à vous pour le partage.

Cordialement,

Emmanuelle Ménard

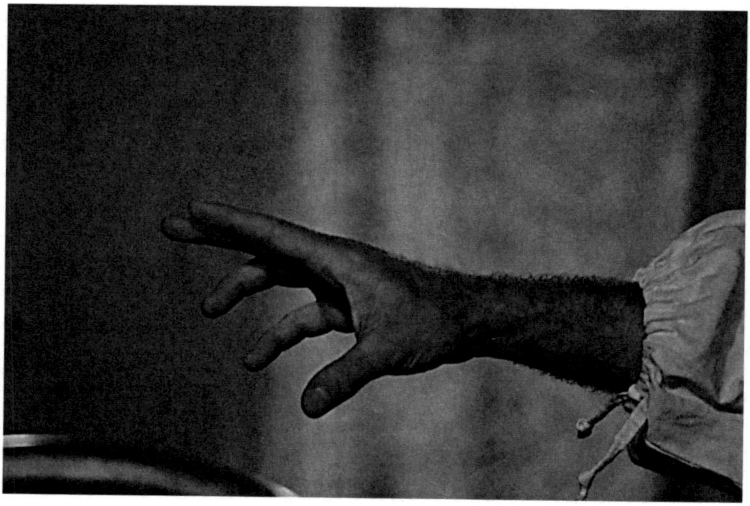

13-12-2015
21h24

Oui continuez, ne vous arrêtez pas en chemin avec un tel talent ! J'ai bientôt appris la première page, il faut bien un début ! Quant à couper votre flux, quelle hérésie !
Cordialement,

Laurent

14-12-2015
13h05

Merci pour vos encouragements !
Cordialement,

Emmanuelle Ménard

13-02-2016
20h15

Bonsoir Emmanuelle,
L'exploit est en marche ! (Exploit relatif à ma personne et à mes capacités de mémorisation que je n'imaginais pas si grandes). Il ne me reste plus que quatre pages à apprendre sur la quinzaine que vous avez écrite. Je travaille actuellement avec une metteuse en scène qui ne tardera pas à prendre contact avec vous, je pense. La pièce devrait être sur pied cet été. En attendant, pouvez-vous éclairer ma lanterne à propos de quelques mots, phrases et passages demeurés obscurs à mon modeste cerveau ?

~~~

Il s'ensuivra une correspondance par mail et le plaisir de lire des ouvrages papier d'Emmanuelle, commandés depuis les petites maisons d'éditions auprès desquelles elle publie encore aujourd'hui. Cependant, mon extraordinaire aventure commença quelques jours plus tôt, lorsque mon amie comédienne, Sylvie Levain, me contacta
~~~

pour me proposer de me mettre en scène. C'est elle qui mit le feu aux poudres en me proposant le plus gros défi de ma vie. Voici, ci-dessous, les balbutiements de nos échanges portant sur la recherche d'une pièce, toujours sur Messenger.

5-12-2015
1h29

T'inquiète Laurent. Tu veux jouer et moi je veux mettre en scène. Lis ce texte[11], fais-moi une adaptation et banco ! Et crois-moi, plus cool que moi, ça n'existe pas, mais si tu es à côté de la plaque, je ne te louperai pas.

---

[11] ***Le Rêve d'un homme ridicule***, sous-titré *Récit fantastique* est une nouvelle de l'écrivain Fiodor Dostoïevski publiée en avril 1877, dans son *Journal d'un écrivain*.

7-12-2015

22h52

C'est une belle histoire. Tu vas vouloir l'adapter en la raccourcissant ou bien on garderait le texte intégral ?

Bonsoir Laurent,
En fait, je ne l'ai vue qu'une seule fois mise en scène. C'était un petit bijou et c'était une adaptation

Donc le monologue tronqué. Ce serait une sacrée gageure pour moi, mais je m'en sens capable, et puis ça me parle.

J'ai souvent pensé à toi pour interpréter des rôles particuliers et je suis sûre qu'un monologue te conviendrait très bien sur scène et ce serait aussi pour moi une sacrée gageure. Jusqu'à présent, je n'avais fait que penser à cela et je ne me suis pas penché sur d'autres textes. Peut-être en existe-t-il d'autres. Je vais regarder, mais celui-ci est vraiment intéressant. Le seul hic, c'est qu'il a été maintes et maintes fois adapté.

J'ai besoin de projets pour me sentir vivant. Si tu en as d'autres sous le coude, envoie-les-moi.

Va voir ce site, j'ai vu cet auteur sur un autre site et c'est intéressant. http://www.cie-univers-scene-théatre.com
Il a aussi écrit un monologue : ***Anna***

J'irai

Il se nomme Philippe Josserand. Il a écrit un autre monologue : *Réveil matin.* Je vais jeter un œil.
À plus, Laurent - Bisous

Bisous Sylvie et merci de me prêter autant de possibilités.

Tu les as

8-12-2015
23h22

J'aimerais jouer quelque chose de profond et de sensible.

10-12-2015
01h59

http://www.leproscenium.com/TelechargerTexte.php?IdPiece=14682

En scène l'artiste ! d'Emmanuelle Ménard. Comme j'aimerais dire ce texte !!!! Mais cela doit se travailler sur plusieurs années non !? Comment faire pour avaler un tel monologue ? LSD ? Champignons magiques ? Je viens de le lire à voix haute et j'y ai pris un plaisir indicible !

10-12-2015
02h20

Je viens d'écrire ceci à Emmanuelle sur Messenger :

« Bonjour Emmanuelle,

Je viens de lire à voix haute votre monologue ***En scène l'artiste*** sur Proscenium et j'ai eu l'envie immédiate, emporté par l'énergie communiquée, de vous témoigner toute mon admiration... »

10-12-2015

21h43

Kikou,
Tu as bien fait d'écrire ce message, mais ne t'inquiète pas, la mémoire d'un texte est très imagée, à mon sens, et plus le comédien aime, sent, vit et voit ce qu'il dit, plus il s'approprie les mots. Ce monologue m'a intéressée aussi. Il y a quelques pointes d'humour auxquelles je n'ai pas été sensible, mais de belles images et de belles émotions sont à explorer.

~~~

Et puis l'histoire a démarré. Cinq mois d'apprentissage avec des codes couleurs pour les fins de phrases, en bout de paragraphes et pour les amorces suivantes, ainsi que des enregistrements à écouter et réécouter afin de " me donner la réplique ". Ma famille et mes amis ont été mis à contribution pour me faire réciter mon texte. Par la suite, je courus les dépôts-ventes, les vide greniers et le *Bon Coin* pour trouver les éléments du décor. Une bonne amie, qui me faisait répéter, me confectionna un costume ainsi que les toiles de fond du décor. Cinq mois plus tard, le 10 juin 2016, se jouait la première représentation publique à Venelles, dans les Bouches du Rhône. Puis, j'eus le plaisir de jouer dans la chapelle du Boisset, dans le Vaucluse.
~~~

L'aventure prit fin le 26 juin 2017 à Artigues, sous la direction de mon ami, comédien et metteur en scène, Jean-Pierre Bongi. L'année qui suivit, ma mémoire était encore bien aiguisée, je ne faisais aucune liste et je retenais énormément d'informations, sans trop d'efforts.

Ce fut une expérience unique que je souhaite à tous les comédiens en herbe et, plus généralement, à tout le monde. Tout est possible avec du travail et de l'opiniâtreté, du désir et de la motivation, de l'assurance et de l'audace. Toutes ces aptitudes sont en nous, plus ou moins cachées, plus ou moins enfouies. Nous ne valons pas moins ou pas plus qu'un autre, mais notre valeur est inestimable. Alors, croyons en nous-mêmes et avançons sereinement sur notre chemin de vie.

Déambuler

Déambuler dans une ville musée,
Panama, canne et lin froissé,
Déambuler dans une ville rêvée,
Un sentiment d'immortalité.
Ruelles et venelles murmurent la bohème,
Places et fontaines.
Chamboler[12] intra-muros,
Drapé d'un jeune printemps,
Cheminer.

---

[12] Flâner

Deuxième partie

Pensées et réflexions

La solitude forge la réflexion

J'aime à me retrouver seul, pendant des heures, sans parler, sans lire, sans télévision (à la rigueur avec un peu de musique), avoir l'esprit complètement ailleurs, mais pas tout à fait, puisque, en l'occurrence, je l'occupe. Puisque je peuple mon esprit de pensées.
Un esprit peuplé de pensées très diverses, le plus souvent sur la condition humaine, sur la vie, sur les rapports entre les individus.

Quelquefois une réflexion aboutit, une conclusion s'esquisse. Puis, la solitude, troublée par la fatalité ou la morosité de la conclusion, décide de se briser, libérant ainsi mon esprit, naguère prisonnier de mes pensées.
Une progression dans la compréhension du pourquoi, du comment de la vie, de ma vie, remplit alors mon être. La satisfaction d'avoir appris quelque chose de nouveau sur les autres, sur soi-même, quel bonheur !
Sans enseignement extérieur, sans débat, avec pour seul matériel un cerveau, une mémoire et puis c'est tout. Le thème de ces réflexions varie selon ce que j'ai vu, lu, vécu ou entendu dans la journée.

Le débat contradictoire

Le recours au débat permet aussi de reconstituer le puzzle de la réflexion avec diverses pensées adroitement disposées sur le grand échiquier de l'esprit.

Le débat se veut rapide puisqu'il induit des échanges spontanés de concepts. Néanmoins, il annihile la solitude créatrice en obligeant le locuteur à multiplier ses idées, à faire vrombir son esprit. Or, l'empressement naturel qui précède la réplique est nuisible à la réflexion, laquelle a besoin de temps, de tranquillité et de sérénité.

Le débat permet l'improvisation sur des sujets dans lesquels ma compétence chancèle, où l'énigme persiste, où mes pensées sont floues. Il agit alors comme aspirateur de brouillard, un dissipateur de préjugés, un clarificateur de fausses idées.

Dans un débat, bien que la rapidité de cet exercice stimule la mémoire ainsi que l'élocution et l'intelligence à cultiver la répartie, le temps presse, le combat menace. On peut parfois se rendre aux idées de l'adversaire, laissant notre cerveau s'endormir, notre réflexion se bloquer. C'est alors que l'intelligence prend le relais. Elle ouvre grand ses portes et accueille, tout naturellement, les idées du contradicteur. Certes, la remise en question s'est effectuée, les idées reçues, les fausses informations et les " à peu près " sont tombés. Certes, l'enrichissement intellectuel aura été indéniable. Toutefois, il aura fallu un intervenant extérieur, une frénésie de conviction ainsi qu'une lutte fugitive pour que l'enrichissement fût efficace.

L'enseignement

L'enseignement, quant à lui, a pour fonction de fournir une nourriture spirituelle consciencieusement bien engrangée, lors de l'apprentissage. Véritable réservoir d'idées, cette nourriture servira à la méditation plus tardive, mais elle n'en demeurera pas moins qu'une fausse méditation puisant sa source dans un apport extérieur à soi.

À défaut de méditation tardive, il peut aussi y avoir application directe du savoir enseigné. Mais cette application n'est souvent qu'automatisme mémoriel, ne touchant que la mémoire de l'instant.

Le ressac incessant des questions irrésolues est tout aussi important, dans le sens où ce mécanisme actionne la réflexion et met en branle la mémoire, en sollicitant le temps qui passe et qui ramène, par vagues successives, les enseignements sur la grève de la pensée.

C'est pourquoi l'enseignement reste vain, incomplet et illusoire s'il n'est pas suivi, puis accompagné par la méditation profonde et solitaire.

Plaidoyer pour la réflexion où méditation solitaire

Dans les méandres vaporeux, embrouillés et propices à la lenteur de la méditation solitaire, le raisonnement accomplit seul le cheminement et construit seul la conclusion de la réflexion. De la même manière, il impose une confrontation du sujet avec lui-même. D'où la double recherche, le double travail, incomplet dans un débat contradictoire.

Aussi vaporeuse, informe et difficile que puisse être la réflexion solitaire, je la privilégie, car elle met l'individu au pied du mur, face à lui-même, sans recours à aucune autre stimulation extérieure.
La difficulté de la réflexion solitaire réside dans l'inexistence d'apport intellectuel, de matière à penser. Le penseur doit s'interroger afin de pouvoir remplacer le locuteur absent (celui-là même du débat). Et il le remplacera avantageusement en se posant des problèmes encore plus insolubles que si ces derniers lui avaient été soumis par une autre voix, extérieure à lui-même.
C'est cette difficulté à poser les questions et à ne pas s'y dérober, d'y répondre et de les mûrir, qui confère à la méditation ses lettres de noblesses.

Confrontation de la pensée et de l'action

Il est très facile de museler la réflexion, d'engourdir la mémoire et de geler les questionnements. Il suffit de s'adonner à un travail manuel réclamant une grande concentration, à un sport ou bien à une tout autre activité qui chasserait de l'esprit la machinerie de la réflexion.

On entend souvent dire que le caractère se forge dans la souffrance, dans la privation, dans les rencontres, les exploits, dans la confrontation ou encore dans le labeur, mais qu'en est-il de ce moment précis où l'esprit se retrouve seul, face à lui-même, nu et dépouillé de tous les artifices, de tous les refuges et de toutes les diversions que constituent les activités et les états précédemment cités ?

N'est-il pas d'exploit plus sévère, de souffrance plus cruelle, de privation plus pénible, de labeur plus acharné que lorsque l'esprit besogne seul, dans la plus totale indépendance, dans les abîmes de la silencieuse et effrayante solitude ?

Le caractère, s'il doit se former, se forme en grande partie dans la méditation solitaire.

Les refuges sont souvent des façades qui masquent, protègent et adoucissent notre conception de la réalité. Douloureuse expérience que d'être souvent confronté à son esprit. Lequel, faisant fi de tout rempart, dépasse les limites de l'imagination, conçoit, brise, enchaîne et, enfin, libère, à volonté, des idées crues voire inacceptables.

Un penseur, certainement dépité par ses propres réflexions intimes, a déclaré un jour qu'il était "*souvent préférable d'être très actif plutôt que de penser trop intensément*".

Et pour cause ! En neutralisant notre univers psychique, l'action apporte à l'individu le bonheur instinctif de l'instant, le libérant ainsi de ses pulsions et lui procurant une joie tangible et sécurisante.

Ne jamais rien achever

Sensation très désagréable de ne jamais rien achever.
Comme une impossibilité de s'arrêter, de se poser, de dire : « Stop ! je m'assois ou je m'allonge pour aller plus loin, régulièrement et en profondeur. »
Lecture, étude, écriture : prendre le temps de cheminer immobile sur la voie de la culture et de la connaissance.
L'arrêt étant associé à la maladie, à l'incapacité de faire, je ne cesse d'entreprendre, au risque de ne jamais prendre le temps de finir et d'annihiler toute amorce d'envie et de désir.
Combien de livres achetés pour des vies futures ?
Combien de projets initiés pour un seul abouti ?
Est-ce donc de l'inconstance, de la désinvolture, de l'inconscience ou bien encore de la paresse ?
Au cours d'une vie, ne vaudrait-il pas mieux tracer paisiblement son sillon, muni de grosses œillères ?
La curiosité est-elle si épanouissante ?
À l'instar de la zapette, serait-ce la maladie du siècle de tout entreprendre et de ne rien mener à terme ?

La balance

Dans la cuisine, suspendue à une poutre, domine une balance à un plateau, à une extrémité, avec une règle graduée et un poids à l'autre extrémité.
C'était une acquisition de mon père. Cette balance, depuis bientôt dix ans, est équilibrée. Plateau et poids se trouvant alignés sur la même hauteur, sur la même ligne d'horizon.
Depuis peu, le poids est tombé et le plateau, de ce fait, est remonté, jusqu'à toucher le plafond.
Ce déséquilibre marque le déséquilibre de ma vie.
En rétablissant l'égalité, rétablirai-je aussi l'équilibre de ma vie ?
Philippe, alias *Chouchou Pilou*[13] est arrivé, il a mis son poids dans la balance, et m'a vie s'est rééquilibrée.

[13] Philippe, mon compagnon installé avec moi au chalet, depuis novembre 2018.

Responsabilité

Ineffable sensation… « *tombra…tombra* pas, tralala !!! »
La corde est raide et glacée. Qu'y a-t-il en dessous ?
Un matelas de roses, moelleux à souhait, ou bien un tas de fumier noirâtre ?
Cette responsabilité, res pon sa bi li té, répondre de son habileté, être habilité à…quel ennui.
Il faut rendre des comptes, ne compter sur personne, tenir ses comptes, de peur qu'ils ne galopent, brides abattues, vers la ruine. La vie est-elle à ce prix ?
Comme ils seraient doux ces comptes, s'ils s'écrivaient ainsi : " contes ", faire des contes, conter.
L'envol de la res pon sa bi li té. Tout le poids et l'inquiétude évanouis dans le jeu et la légèreté du " vivre ", du livre.
On n'y songe guère, mais il s'agit bien d'un poids qui grave et grave. Grave sur le corps et grave dans l'esprit.

RES : tout
POND : Poids, pondérable
BIL : bile, souci chronique

Dans la liste des mots à bannir, figurerait bien celui-là.

Les champipis

-Eté 2015-

Là, il faut écrire pour raconter tout ce que j'ai vu.
Des formes, des couleurs, couleurs, couleurs !!!
Des cathédrales, des dentelles, des arabesques, des motifs, des formes incroyables, des flashes, des flashes d'appareils photos qui faisaient comme des feux d'artifice de toutes les couleurs avec des myriades cosmiques, multicolores et argentées.
Trop beau, vraiment trop beau !
Il fallait l'écrire, il fallait que je l'écrive pour témoigner de ce phénomène qui, certainement, est dangereux, mais putain comme c'est tripant d'aller si haut et si loin !
Et puis, il fallait l'écrire pour pouvoir le lire demain ou plus tard, mais là, j'écris dans un état de transe hypnotique. Mon bras écrit, ma main suit, puis le poignet, et j'écris avec la musique.
Je déconnecte et puis je reconnecte.
Je comprends pourquoi toutes ces musiques qui ont l'air trop fort, sans queue ni tête. Des rythmes endiablés qui prennent ton corps et l'asservissent. Eh bien, je comprends que toutes ces musiques, tous ces sons se transforment sous l'effet extatique de substances.
Je comprends les sourires.
Je comprends le fait de danser tout contre le son.
Je comprends la puissance de la kalimba.
Je comprends pourquoi ma fille se sent complètement *chéper* quand elle danse sur du reggae.
Mais bon, comprendre est une chose. Ensuite, il faut se mettre à cogiter et à réfléchir au fait que toutes ces belles

visions hyper supra poétiques et méga psychédéliques, eh bien, il faut raisonner et comprendre que cet état-là de transe, hors du monde réel n'est pas un état qui dure, mais juste un état qui met hors du temps le moment de la nuit où on le vit.
Écouter la musique décuple le pouvoir de ces putains d'enculés de champi champi pipi pipi champignons et on se met à danser avec des pas qu'on ne connaît pas et on sourit à tout le monde parce qu'on est heureux.
La la la la la et je déconnecte... Je reconnecte... La la la la...
Il faut faire attention parce que plus rien n'est sous contrôle et on peut aller loin, très loin, autant physiquement avec ses pieds que *chéper*[14] dans sa tête. Et plus on ferme les yeux, plus on voit des choses étranges qui n'existent nulle part ailleurs que sous nos yeux fermés. Et tout prend plus de sens, tout a plus de goût. Les plantes et les feuilles sont en 3D ou de couleurs plus vives. Toutes les couleurs sont plus vives, plus exacerbées, plus belles, clinquantes, et les couleurs, les couleurs, les couleurs !

- Tu as écrit ce que tu ressentais ? C'est ce que me demande Flo, la main tendue avec du pollen à l'intérieur.
- Oui, j'ai écrit tout ce que j'ai vu.

Et puis le temps n'a plus de prise. Impossible de dire s'il s'est passé une heure, ou deux, ou si la nuit a duré, ou si c'est le matin. Il faut se dire que cette expérience est à vivre au moins une fois dans sa vie.
Le verdict est tombé boum badaboum.

---

[14] *Chéper* : verlan de « perché »

Quand même, c'est quand même incroyable ce genre d'expérience. Mais bon, après il faut se réveiller !!!
Debout ! Coucou !
Il est très, très bizarre de voir toutes ces choses et de se dire qu'elles existent dans nos cerveaux. Ce ne sont pas des cerveaux malades, mais des cerveaux hypnotisés par le son et la musique et le rythme et les cadences qui ravissent ton corps.
Et je déconnecte…. et je reconnecte.
Et pourquoi ils sautent sur mon plancher ? Parce qu'ils tapent du pied, tapent du pied comme s'ils étaient à une teuf, mais ils ne sont pas à une teuf, ils sont dans mon chalet, bordel !

- Il sent plus rien, le champi, il a fait croire.

Mais non, je n'ai pas fait croire et si je ferme les yeux, je vois encore des choses formidables. Et la musique a plus de couleurs et tout ce qui t'entoure est plus beau et gigantesque. Ce qui est incroyable, c'est de pouvoir écrire aussi vite avec un discours cohérent et si je m'arrête d'écrire, j'arrive à peine à bouger mes mains, alors que si je continue à écrire tout est hyper rapide.

- Qu'est-ce qu'il ne supporte pas ton père ?

Je pense qu'ils cherchent une chose musicale ou autre que je ne supporte pas, pour pouvoir interrompre le charme et faire en sorte que je redescende mais moi, je n'ai pas envie de redescendre parce que je suis dans mes beaux habits orangés, à moitié moine tibétain à moitié saharien.
Et là, tu écris différemment parce que les doigts sont à la place de ton cerveau !

Mais c'est comme ça, tu n'y peux rien. Mais putain, c'est dangereux parce que moi, je vis cette expérience qui me sort du réel, juste pour une nuit, mais eux vivent ça souvent. À toutes les teufs, ils partent et voyagent.
Confondre les deux mondes et tout casser, croire qu'on peut voler et puis non, on s'écrase. Et puis, l'effet se dissipe et puis, j'ai sommeil. Oui.
Aller ! On y va !? Mais c'est dangereux parce qu'après tu conduis et tu crois que tu maîtrises, mais ce que tu maîtrises, c'est ton monde artificiel et pas celui de la route. Ce n'est pas la même route celle qui défile dans ta tête et celle qui file sous tes pneus.
Je sais où j'en suis, mais mes réflexes, mes gestes et mes perceptions sont gravement altérés.
Je veux bouger mais je me sens ralenti.
Les yeux et le visage s'expriment de façon désordonnée et décoordonnée.
Mais c'est n'importe quoi alors ? Oui.
Il fait toujours nuit, j'ai pourtant l'impression qu'il s'est passé une éternité et le jour ne se lève pas !
Je n'ai pas voulu me regarder dans les miroirs.
Alors, c'est sûr qu'on vit une expérience hors de portée des bourgeois bien tranquilles. Mais putain, c'est une fuite ! C'est une putain de fuite ! Alors, soit on est capable de fuir toute sa vie, soit on combat et on choisit d'affronter la vie réelle.
Quand je dansais, j'avais l'impression que tous les gens autour de moi faisaient exprès de me faire couler du son dans les oreilles pour exacerber mes perceptions. Parce qu'ils savaient exactement tous les effets, les moments, les phases. C'est un chemin qu'ils empruntent souvent, alors ils connaissent. Ce n'est pas une déchéance, c'est au

contraire un saut vers le haut (pléonasme). C'est un autre univers et quand on a ouvert cette porte, il doit falloir une putain de force de volonté pour la refermer et préférer le monde réel qui a des couleurs bien plus ternes.
Où est la réalité ? Ceux qui restent perchés ne savent plus ou ne veulent plus savoir parce que la vérité est difficile. Alors on peut se faire déposséder de tout son argent, de sa carte bancaire, de ses habits. Bref, c'est dangereux. C'est incroyablement beau et merveilleux comme des milliards de bonbons de toutes les couleurs, mais c'est dangereux.
Charlie et la chocolaterie, c'est un film de drogués au champipis !!!
Inception, c'est le dilemme entre le rêve et la réalité, c'est juste l'expression des deux mondes.
Le monde des hallucinations hypnotiques et le monde plat et beaucoup plus policé de la réalité terre-à-terre. À la fin, l'anneau tourne sur la table et on ne sait plus dans quel monde on vit. Cette dichotomie, c'est ce que vivent ma fille et ses amis, lors de leurs teufs.

- L'alcool, c'est la drogue dure, bien pire que les champis.

C'est ce que dit Olivier[15], qui est assis dans l'herbe. Moi, je dis que ce que j'ai vu et ressenti, grâce ou à cause des champignons, n'a strictement rien à voir avec l'alcool et ses effets.
On m'avait déjà raconté les effets du LSD. Eh bien, avec les petits êtres des bois que sont mes nouveaux amis les champignons, j'ai bien eu l'impression de vivre ces fameux effets du LSD. Mais là, j'ai sommeil. Mon corps se détend, mes muscles reviennent à eux et se libèrent de la musique.

[15] Le père d'une amie de ma fille. Le seul adulte présent avec moi !

Olivier a l'air complètement out, mais je suis plutôt confiant, je crois qu'il sait gérer ses débordements et qu'il a conscience de ce qu'il se passe autour de lui, du moins je l'espère...

- Tu gères.

Tu es là Laurie, à côté de moi, assise par terre, sur le seuil de mon chalet, en train de lire mes réflexions et observations. C'est fini. Demain, je vais relire ces écrits et je prendrai conscience de l'ampleur de la soirée.
Je suis extrêmement content et satisfait d'avoir vécu cette expérience qui m'a encore plus rapproché de ma fille et de sa vie.
Je la comprends mieux, je sais à présent pourquoi elle dit ou fait certaines choses.
Un monde caché qui mérite le détour, mais juste un détour, pas un séjour prolongé, comme le font beaucoup de jeunes. Un voyage merveilleux d'où ils ne souhaitent plus revenir. Des constellations colorées, des organismes micro cellulaires observés au microscope, qui se multiplient, se démultiplient, se scindent et changent leurs formes et leur apparence comme des choux romanesco.

Ils ne sont heureux qu'en groupe. En-dehors de la bande point de salut.

- On préfère s'emmerder à plusieurs plutôt que de s'emmerder seul – me confiera l'un d'eux.

Ci-dessous, un extrait de cette relation écrite sur l'instant, dans mon gros grimoire. Une écriture quasi automatique et hypnotique.

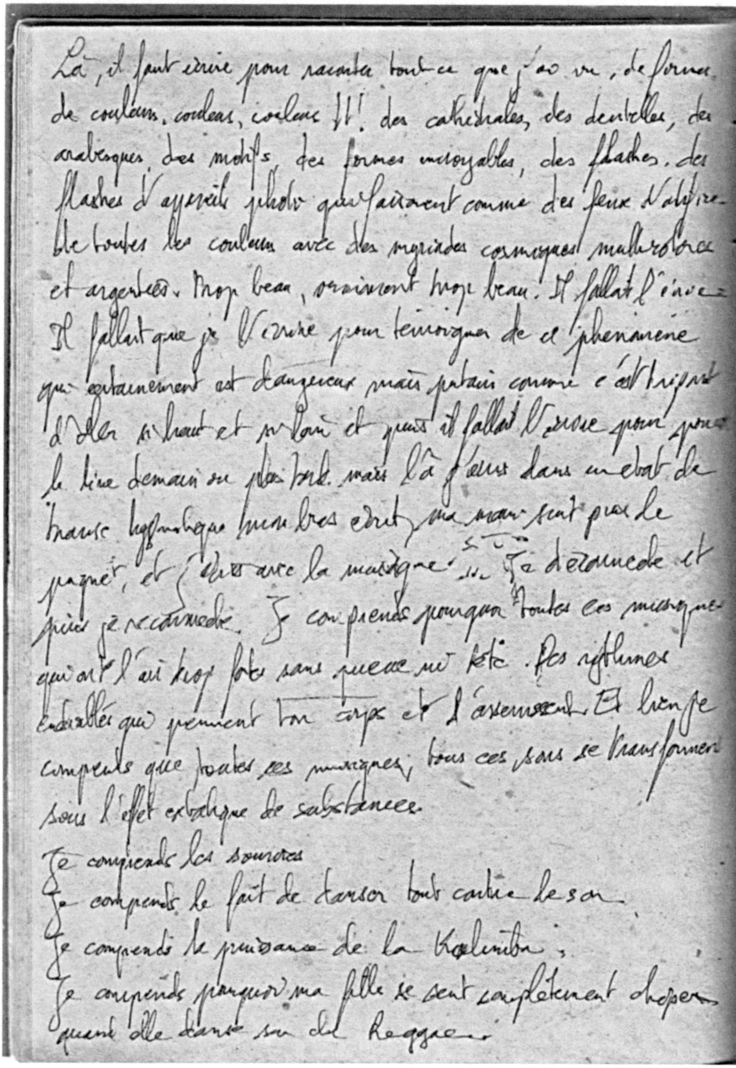

Là, il faut écrire pour raconter tout ce que j'ai vu, de formes
de couleurs, couleurs, couleurs !!! des cathédrales, des dentelles, des
arabesques, des motifs, des formes incroyables, des flashes, des
flashes d'appareils photo qui flashaient comme des feux d'artifice-
ble toutes les couleurs avec des myriades cosmiques multicolores
et argentées. Trop beau, vraiment trop beau. Il fallait l'écrire
Il fallait que je l'écrive pour témoigner de ce phénomène
qui certainement est dangereux mais pourtant comme c'est trippant
d'aller si haut et si loin et puis il fallait l'écrire pour pour
le lire demain ou plus tard. mais là j'écris dans un état de
transe hypnotique nombres écrit, ma main suit pas le
papier, et j'écris avec la musique ... je déconnecte et
puis je reconnecte. Je comprends pourquoi toutes ces musiques
qui ont l'air trop fortes sans queue ni tête. Ces rythmes
endiablés qui prennent ton corps et l'assomment. Et bien je
comprends que toutes ces musiques, tous ces sons se transforment
sous l'effet extatique de substances.
Je comprends les sourires
Je comprends le fait de danser tout contre le son.
Je comprends la puissance de la Kalimba ;
Je comprends pourquoi ma fille se sent complètement échapper
quand elle danse sur du Reggae.

Les calculs amis

-2018-

5h30 du matin, la maladie de la pierre[16] s'en donne à cœur joie.
Depuis que je me suis couché, à minuit trente, je ne dors pas. Je souffre dans le silence du vide intersidéral.
Pour tromper la souffrance, je pense.
Pour entretenir le feu continu de la pensée, je réfléchis.
Afin que la réflexion soit constructive, je choisis de me focaliser précisément sur la construction. Voilà donc cinq heures durant que je bâtis !

Dans le désordre, j'ai végétalisé des toits, j'ai construit un escalier dans le ravin, j'ai creusé un caniveau le long de la dalle et, le clou du de mes constructions : j'ai réalisé une pièce dans sa totalité, de la structure à l'habillage, de l'habillage au toit.

Insatisfait de mes réalisations, j'ai poursuivi en construisant des cabanes dans les arbres, en réseau, mais allez savoir pourquoi, je n'ai pas poursuivi ce chantier-là. J'attendrai la prochaine insomnie pour l'achever.
Le fait d'avoir réussi à créer les deux regards sur le réseau d'évacuation m'a donné des ailes. Ce soir, je me sens capable d'aller encore plus loin, et la frénésie de la création, ou plutôt de la construction, me prend par la main pour entrer dans la danse fiévreuse des bâtisseurs.
J'aurais au moins réussi le tour de force de berner les calculs ennemis en les transformant en calcul amis. Quels matériaux, quels assemblages, quels outils ?
Bref, le plus dur est fait, maintenant : y'a plus qu'à !

---

[16] Les coliques néphrétiques ainsi que les nommait Montaigne qui en faisait régulièrement les frais

Réflexion sur la maladie

-4-01-2018-

Me voilà malade pour la seconde fois de la saison. Même symptôme de bronchopneumopathie-asthmatiforme (mon copain dinosaure), comme l'avait déjà diagnostiqué le docteur, par le passé. Si j'ajoute à cela : la tendinite fissuraire de l'épaule droite qui me contraint dans mes mouvements et me fait souffrir, la migraine, quasi-quotidienne et une fatigue chronique... le tableau n'est vraiment pas jojo. Un reste de douleur au coccyx depuis ma mésaventure complètement idiote, le nodule de la thyroïde qui grossit doucement mais sûrement, l'écho-endoscopie sous anesthésie générale à réaliser le 9 janvier, et voilà, j'en ai fini !

Cet inventaire désastreux me plonge, comme souvent, lorsque je suis en proie au mal et à la maladie, dans l'univers tragique de la Shoah.

Comment ces hommes et ces femmes ont-ils pu trouver la force et le courage d'avancer avec de telles affections ? Chacun avec ses faiblesses et déficiences habituelles, chacun avec ses maladies chroniques augmentées des rhumes et des bronchites de la mauvaise saison, augmentées par la faim, le froid, le manque ou l'absence de sommeil et le travail forcé.

C'est en pensant à eux, à leur mémoire, que je me refuse à tomber. Ce serait si simple... se coucher, faire venir le docteur ou encore aller me faire dorloter par maman. Ne plus aller travailler et attendre de guérir entre lecture et repos, plateau-repas et farniente.

Or, ce n'est pas si évident, car il y a eu la Shoah.

Bon d'accord, avant la Shoah, il y eut aussi Proust le cacochyme, Marcel le valétudinaire, qui aurait peut-être aussi fait face aux agressions des camps, lesquels ont révélé des lions à des âmes de navets. Qui sait ? Toujours est-il qu'inlassablement, comme déjà je l'avais écrit, à l'instar de Cyrano :

- Je me bats ! je me bats ! je me bats !

Il y a du protestantisme austère en moi, la volonté d'affronter les problèmes, de les résoudre et d'en découdre avec les suivants. Comme si la vie était d'abord un immense devoir, qui laisserait peu de place à la distraction. Quelque chose de biblique, assurément.
Quoique le mythe de Sisyphe ne soit pas si loin non plus…

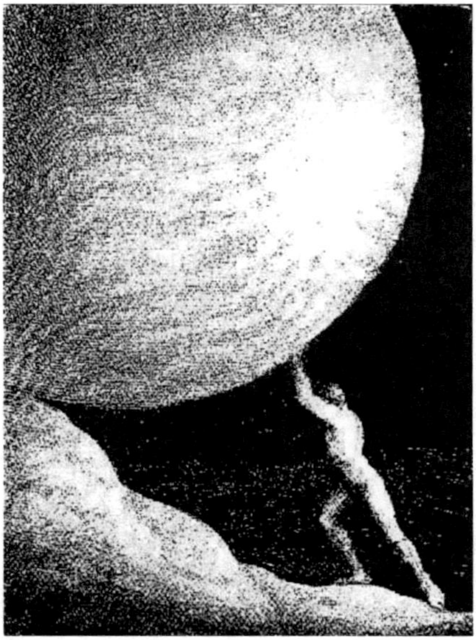

Ne vous inquiétez pas !

« Ne vous inquiétez pas ! »
Comme si le simple fait de vouloir s'informer dénotait manifestement de l'inquiétude ! Un homme désirant connaître, apprendre ou tout bonnement savoir, est forcément *un inquiet*.
« Vous, vous êtes un anxieux, non ? »
Situation trop souvent vécue dans le domaine médical où le savoir ne se partage pas si aisément entre le médecin et le patient.
Le patient en demande n'est pas associé à un homme curieux ou en quête de connaissance, mais à un être vil, en proie à l'inquiétude, sœur de l'ignorance crasse.
Ce qu'il faut comprendre en filigrane, dans cette réticence à vous expliquer, dans cette rétention d'informations maladive, c'est que nous ne jouons pas dans la même cour. La cour des petits pour les patients, confiants et bien sages, gentiment naïfs, respectueux et obéissants. La cour des grands pour les grands hommes détenteurs du savoir médical, parfois méprisants et hautains, regardant se moutonner le petit peuple, depuis leurs hauteurs savantes.
Il serait temps de concevoir l'intelligence, la réflexion et la soif de connaissance comme des qualités dépassant les cours de récréation, messieurs les pédants…
Heureusement que de nombreux médecins et professeurs se distinguent de ces fats, par leur humilité, leur gentillesse et leur volonté de partage.
Laurent est un patient, un patient qui formule une petite prière pour que ceux-ci soient mieux considérés. Mais, *l'orant est impatient…*

Les automatismes

Comme nous tous, je suis déjà perclus d'automatismes.
Ce matin, je reçois un appel téléphonique du secrétariat de mon urologue, à l'hôpital d'Aix. La secrétaire venait vérifier si j'avais bien réalisé mon ECBU[17] au laboratoire d'analyses médicales, une semaine avant la lithotripsie programmée le lendemain et, en outre, si j'avais bien fait un test Covid. Moi je n'y pensais plus. Je pensais venir à l'hôpital comme une fleur !

- Pourtant, vous êtes habitué à passer des LEC[18] ?

Eh bien non, ce n'était pas une raison suffisante pour développer un automatisme.
Aujourd'hui tout doit être automatisme ou rappel à l'ordre. La machine à laver ne se contente pas de m'avertir de la fin de la lessive, elle insiste et persiste dans des alarmes retentissantes et de plus en plus rapprochées, jusqu'à ce que je m'exécute.
Je monte dans ma voiture et je démarre. Malheureux, que n'ai-je fait là ! L'alarme de la ceinture de sécurité me joue la même musique que le lave-linge, plus stressante encore, avec davantage d'aigües !
Je sors de chez moi, libre et heureux de vivre…il me faut penser à prendre mon portefeuille, mes papiers d'identité,

---

[17] Examen cytobactériologique des urines

[18] Lithotripsie extra-corporelle

mon masque et, jusqu'à hier encore mon AUSWEISS[19] pour pouvoir « m'autoriser » à circuler « librement ».
Sur la route, je dois me conformer aux panneaux de limitation de vitesse, comme si cela était d'un naturel évident pour mes semelles, sous peine de passer au photomaton d'Etat.
Ce qui est naturel et évident, c'est de ne plus porter de culotte et de se déplacer nu et cru à travers l'espace !
Ce qui est naturel, c'est de conduire prudemment en se souciant des autres automobilistes, sans pour autant s'imposer des changements de vitesse, parfois abrupts et stupides, faisant de nous des accrocs du compteur au détriment de la route.
Ce qui est naturel, c'est la spontanéité, l'improvisation et la nouveauté de la découverte.
Ce qui est naturel, c'est de se laisser porter par son instinct et ses besoins, sans pour autant répondre à des règles.
Ce qui est naturel, c'est d'être surpris et toujours étonné par la vie et non pas rompu à l'exercice, comme un automate pris dans le piège du métro-boulot-dodo.
Ce qui est naturel, c'est l'oubli toujours recommencé, la virginité de l'instant à remplir de sa vie et de ses actes.
Ce qui est naturel, c'est de refuser de *s'engriser* en répétant machinalement des gestes et des actions propres au robots.
Ce qui est naturel, c'est de voir le monde avec les yeux d'un enfant émerveillé et non avec ceux d'un adulte blasé et habitué. L'habitude est le bras armé des automatismes et les automatismes nous tuent à petit feu.

---

[19] Le tristement célèbre " Laisser passer " en usage en France, sous l'Occupation allemande, à présenter durant le premier et le second confinement en 2020.

Jeux de rôle

-2021-

Quand j'ai présenté, puis laissé mon livre[20] à l'hôpital, la vitre entre le patient et l'équipe du corps médical s'est subitement brisée. L'intime est remonté à la surface, venant s'imprimer sur le professionnel. Gênés, les soignants et les secrétaires étaient tout à coup nus et démasqués, comme à découvert.

J'étais devenu le maître du jeu, celui qu'on écoute ; un homme avec toute sa profondeur et non plus un patient, dont on ne voit que la superficialité.

Les relations humaines ne sont que des rôles que nous voulons bien jouer et assumer.

[20] ***Voyage au sud de ma vie***

Qui êtes-vous ?

Dans la maison de retraite *Les Tilleuls* de Rians, une résidente en fauteuil, les yeux hagards, bien que fixés sur les miens, m'interpelle :

- Qui êtes-vous ? Qui êtes-vous ? Qui vous êtes, vous ?
- Je viens pour faire des enregistrements audios.
- Qui vous êtes ?
- Je suis Laurent Maero, monsieur Maero.
- Qui vous êtes ?
- Et vous, qui vous êtes ?

Une énième réplique d'une ombre de femme errant d'établissement en établissement, divagant à tout berzingue. Un clone, une copie, autant dans le propos que dans l'attitude perdue et presque agressive. L'animalité, et avec elle, l'instinct primitif, s'expriment dans cette répétition monocorde, gutturale et fantomatique.
Le corps est bien là, néanmoins perdu " corps et âme ", lui aussi, ou plutôt oublié dans ce fauteuil immobile.
Un corps lourd, las, un corps de gisant rabougri.

Notre rapport à la matière détermine notre densité.

Jusque dans les années 1980, la matière a eu une grande importance dans nos vies.

Le choix et l'utilisation de la matière se traduit par la qualité, la variété et la solidité des matériaux utilisés pour la fabrication, la création, l'élaboration et la production de tout objet du quotidien. Le papier pour le livre et la photographie, les tissus pour les habits et l'ameublement, les disques, les cassettes, les CD et les DVD pour la musique, le cinéma, le bois pour les meubles et la construction (progressivement détrôné par le plastique et le béton à partir des années 60), la fonte, le verre, la céramique, le grès, la porcelaine, l'étain et l'aluminium pour la cuisine ; le savon, la cendre, la poudre à laver, puis la lessive pour le linge et ainsi de suite, dans tous les autres champs de la vie quotidienne.
De la même manière, dans tous les domaines d'activité, et ce jusque dans les années 70, les métiers dits « manuels » ont connu une très grande variété et de nombreuses spécialisations. Ainsi, les apprentis, ouvriers et artisans de toutes sortes représentaient une grosse part du monde du travail. Le travail, majoritairement physique et manuel, était en lien direct avec la matière.
Enfin, notre rapport à la matière, jusque dans les années 80, a contribué à créer des individus plus résistants, plus vigoureux, mais aussi « plus denses » dans le sens où ceux-ci s'investissaient davantage dans le rapport à autrui, guidés par le même naturel avec lequel ils avaient

l'habitude de *mettre la main à la pâte* ou encore *les mains dans le cambouis*.

Cette relation directe et journalière avec la matière renforce, par ailleurs, notre relation à la nature et au temps. La terre, jusque dans les années 70-80, est un élément fondamental et essentiel dans une population à prépondérance rurale et paysanne. La façon d'envisager les saisons, liées à la matière, ainsi que le temps qui passe, lui-même relié à la vie et à notre usage de la matière, constitue l'universalité, laquelle englobe l'homme et l'animal, faits de chair et de sang, le végétal et le minéral.

Le temps de faire les choses est beaucoup plus lent lorsque les procédés de production et de fabrication dépendent des mains et des bras de l'homme, voire même de la mécanisation et non de la technique, de l'industrialisation ou encore de l'informatique. Le temps de faire est alors le même que le temps de dire, de voir, de regarder, de contempler, de lire, de penser, de jouer, de manger, de s'amuser, de s'aimer, de se reposer et de vivre.

La considération des saisons, en lien direct avec toutes les matières, et plus profondément avec la terre, conditionne également notre rapport au monde et notamment *à la poésie du monde*, à sa respiration souple et régulière, à ses couleurs, multiples, à sa beauté ou à sa laideur. Notre perception de la nature, de la nature du monde, de la nature de nos congénères est fortement induite par le rapport proche ou éloigné que nous avons avec les choses, les objets et la matière dont ils sont faits.

Depuis la fin des années 90, nous vivons un changement radical de civilisation. En effet, la révolution numérique et l'avènement d'Internet ont entraîné l'accélération et la systématisation de la dématérialisation.

Les années 2000, 2010 et 2020 consacrent l'ère de la dématérialisation, laquelle ne cesse de poursuivre sa course vers le néant.
La dématérialisation de l'argent donne plus de pouvoir à l'État pour contrôler et taxer nos avoirs et nos transactions. En outre, ne plus ressentir le poids des pièces de monnaie et l'encombrement des billets de banque éloigne de nous la valeur réelle de l'argent, le transformant en ligne de chiffres sans poids, ni représentation physique. Nous sommes loin des *espèces sonnantes et trébuchantes* ! [21]
La dématérialisation des mots a créé nombre d'abréviations et de sigles contribuant à l'appauvrissement de notre langue et à l'oubli irrémédiable de certains vocables.
La dématérialisation de l'écriture a remplacé la plume, le stylo et le crayon, glissant sur la feuille de papier, par le " tapotage du bout des doigts " de lettres standardisées, entraînant une dépersonnalisation totale de la forme de notre expression. La graphologie témoigne de l'importance de l'écriture, en tant que reflet d'un être et socle de sa construction.
La dématérialisation des réservoirs de connaissances que l'on appellerait aujourd'hui « supports de stockage », tels que les livres, valident notre dépendance absolue vis-à-vis de l'informatique et de l'électricité. De surcroît, le fait de ne plus manipuler de lourds dictionnaires et de ne plus annoter, de sa main, les livres lus, fait qu'on mesure de plus en plus mal ce que l'on nomme « le poids de la connaissance » (les fameux cartons de livres que l'on maudit lors des déménagements). Ne plus avoir une vision

---

[21] Pièces bruyantes, lorsqu'elles s'entrechoquaient, que l'on pesait à l'aide d'une balance appelé trébuchet, à partir du XIV° siècle.

physique représentative du volume occupé par un savoir, sur les rayons de sa bibliothèque, c'est perdre peu à peu le sens global, la chronologie et les liens entre les périodes et les disciplines.
L'apprentissage, quant à lui, est beaucoup plus concret et se grave plus durablement dans nos mémoires lorsqu'il procède d'une lecture réalisée sur papier plutôt que sur écran. Qui plus est, le trop plein d'informations concourt à la disparition de l'apprentissage par cœur, garant de nos connaissances basiques.
Graver une information dans notre cerveau, à partir d'un support tangible fait de nous des êtres réels, palpables et entiers. Le virtuel, quant à lui, est le père du fuyant, de l'incomplétude, du vide et de l'inachevé.
Le même sort a été fait aux pochettes de disques ou encore aux jaquettes de films que l'on ne prend plus dans nos mains, qui n'occupent plus le rayonnage d'une étagère, mais s'entassent dans des disques durs ou des *clouds*.
Idem pour les photographies qu'on n'imprime plus, mais qu'on ne cesse de collectionner avec frénésie, sans plus prendre le temps de les classer, de les légender, de les commenter et tout simplement de les regarder. L'album photo prend du temps et nous n'en avons plus à lui consacrer.

Plus nous nous éloignons de la matière et plus nous nous éloignons du monde que nous habitons, pour n'habiter plus que des coquilles vides, semblables à notre image, à l'image de l'Être plus ou moins dense que nous sommes, plus ou moins rempli de la matière dont on l'a nourri.
À vouloir tout savoir, on ne sait plus grand-chose. Sans notre smartphone nous ne sommes plus rien. À lui tout seul, il voudrait matérialiser tout ce que l'on a désormais

dématérialisé. Seulement, l'homme est multiple et c'est en multipliant les matières et les matériaux dans ses mains, qu'il se réalise pleinement.
En adorant le Dieu Virtuel, nous incarnons, malgré nous, le vide existentiel, beaucoup moins pleins et bien moins denses que nos aïeux.

Le point de vue du sage

Plus nous nous affranchissons du poids de la matière, plus nous devenons légers. Il en est ainsi des moines appartenant aux ordres mendiants, des moines bouddhistes et de tous les anachorètes.
Le détachement du matériel est un premier pas vers le détachement du monde qui conduit à l'élévation spirituelle, dernière marche avant l'éveil.
Le poids des choses nous maintient au sol, nous empêchant l'envol et la liberté.
Telle des esclaves enchaînés à leurs fers scellés dans la pierre, nous sommes dépendants de la matière que nous accumulons par la possession.
Bienheureux l'homme affranchi de la matière, qui plane au-dessus du siècle, ne pesant pas plus que la plume.

Ma tête d'Africain

Je prends dans mes mains la tête d'Africain posée sur la console de notre chambre à coucher et je vois tous les coups de ciseaux. Je me figure en train de sculpter. Tous les gestes, les copeaux de bois, l'apparence du billot qui prend forme et vie, tout est inscrit en moi, comme une mémoire tangible. Je prends plaisir à éprouver les étapes de réalisation et le lien charnel avec le bois vivant.

À mes yeux, cet africain là est le père de tous les hommes, le guide, le veilleur, le gardien, le sage de l'humanité tout entière. Il accompagne la petite africaine qui lance son regard vers l'avenir. Elle est confiante et déterminée. J'ai formé ce couple qui ne se connaissait pas auparavant. Leur union me bouleverse. Son regard à lui est celui de l'humilité et de la bienveillance. Sa présence est incroyablement puissante et apaisante.

Le kimono de la caverne

En sortant du chalet avec mon kimono, je m'aperçois que le pantalon est bien plus clair que le haut. Deux noirs différents. À l'intérieur, cette différence m'était inconnue. On eût dit les mêmes pièces assorties.
Soudain, je pensais à Platon et au *Mythe de la caverne*. Platon relate l'histoire d'un groupe d'hommes vivants enchainés dans une caverne, ne voyant que leurs ombres projetées sur les parois et ignorant la lumière du soleil.
À chacun sa vérité [22]aurait dit Pirandello.
Où se trouve la vérité ? La vérité est-elle unique ou multiple ? La vérité est-elle déterminée ou donnée.
Faisons-nous assez souvent l'effort de sortir de notre caverne ou préférons-nous nos chaînes, certes geôlières du mensonge, mais si rassurantes.
La vérité est-elle synonyme de réalité ?
La vérité est-elle toujours synonyme de liberté ?
Mon Kimono est-il noir ou bien noir ?
Ces questions sont-elles si importantes pour vivre sa vie ?
Après tout, toute vérité n'est-elle pas relative ?!
Rappelons-nous enfin que « toute vérité n'est pas bonne à dire… »
Pour ma part, je me force à sortir de ma caverne car j'aime la lumière du soleil.

---

[22] ***A chacun sa vérité (Così è se vi pare)***, pièce de théâtre de Luigi Pirandello publiée en 1917.

Apparence

De retour de chez des amis, je me suis arrêté au vide grenier de Rians, toujours vêtu à la Robin des bois et… l'on s'est moqué de moi.
Des rires, des regards, des apostrophes... Eh bien, vous savez quoi ? Cela m'a fait jubiler.
Ma sérénité s'est renforcée et mon harmonie intérieure s'est épanouie. J'ai pensé au Christ et à sa différence qu'il promenait avec lui, à la face du monde, sans défense et offert à la multitude.
Ce soir, à y repenser, ça me fait peur car, des moqueries à la lapidation, il n'y a qu'un pas… L'ignorance et la peur de l'insolite peuvent être ressenties comme des agressions à rendre au centuple...
Bref, tu offres des jeux là où l'on réclame du sang.
L'humilité, l'innocence, l'unicité et la faiblesse face à l'arrogance, à la méchanceté, à la foule qui fait force et loi.
Mais qui suis-je... sinon une partie de cette humanité ?

~~~

Cette après-midi, j'ai dû faire du stop de Manosque à Artigues[23]. Comme je l'avais prévu, j'ai abdiqué le costume médiéval pour revêtir le costume contemporain. J'ai mis trois heures avant de rentrer... Moralité : L'habit ne fait décidément pas le moine. Rien ne sert de se travestir pour plaire à autrui.

---

[23] Artigues (dans le Var), Manosque (dans les Alpes de Haute Provence) distants de 40 kilomètres.
~~~

Le seigneur Di Maero

-2019-

Ce matin, en costume, à Aix, dans la rue Gaston de Saporta qui descend vers la cathédrale Saint Sauveur, je bute dans le gobelet rempli de piécettes d'un SDF, juste devant un des piliers de la cathédrale. Encore un peu, je me serais entendu dire : « toutes mes excuses mon brave », en l'aidant à ramasser l'argent répandu.
Pour le dédommager, je lui donnai un euro de ma bourse.
Le port du costume me conduit parfois loin, très loin…
Ce matin je vis un gueux et me pris pour un seigneur.
N'y voyez aucune hauteur, aucune prétention, aucun dédain, aucun mépris. Juste un voyage dans le temps où j'avais le beau rôle.
Monsieur le gueux, je vous respecte et vous considère dans votre humilité et votre dénuement. Mais, soyons honnêtes, je n'ai aucun goût pour le froid et la misère. Là où je joue au grand seigneur, vous vivez un grand malheur.

Le costume, symbole d’autorité

-23-24-25 septembre 2021-

Lors du festival littéraire *Les Correspondances* à Manosque, certains ont vu en moi, ou plutôt dans le costume, une incarnation de l'autorité, du droit, de la force et de la bien-pensance. Comme si je portais, en fait, un uniforme !
En effet, ceux-ci m’ont abordé en m'identifiant d'emblée comme un des leurs, un pro-vaccin et pass sanitaire, décriant les initiatives de protestations, soulignant la bêtise et l'outrecuidance des manifestants silencieux présents sur la place de l'Hôtel de ville où je me trouvais à présenter et vendre mon livre ***Voyage au sud de ma vie***, durant trois jours de suite.

Réflexion sur l'amitié

J’envisage deux sortes d’amitiés :
La première est fondée sur la fréquentation régulière, sur la confidence et l’échange.
La seconde est une amitié de fait qui se dispense de preuves, d’échanges réguliers et de communication assidue. On pourrait la nommer " *amitié du souvenir* ".

Tu es mon ami non pas pour ce que tu me donnes et m'apportes. Je suis ton ami non pas pour ce que je te donne et t’apporte. Tu es mon ami parce que j'ai de l'affection et de l'amour pour ce que tu es et pour ce que tu fais de ta vie. Je te considère, j'ai plaisir à te voir évoluer, à savoir ce que tu désires, ce que tu deviens, sans pour autant entretenir un commerce régulier avec toi.
Tu as mon adhésion, ma confiance et tu peux compter sur moi, sans pour autant que nous nous fréquentions. Une amitié basée sur l'intrinsèque de l'autre.
Je ne suis pas ton ami parce que tu me donnes, je suis ton ami parce que tu es.

Délation

Souvenons-nous que les standards des commissariats ont explosé sous les appels de délations passés par de bons Français, se sentant investis de la bonne morale et de la loi, pour dénoncer les promeneurs imprudents ne respectant pas les couvre-feu Covid.

Délation, *Maillon faible*, *Kho lanta*, paparazzi, enquêtes, suspicions ... tout est bon pour lister, ficher, classer, étiqueter pour en venir à épurer, massacrer, évincer et dégrader. Deux guerres mondiales, des guerres de religions encore sanglantes et la différence, la marginalité, la désobéissance civile qui ne cessent d'être montrées du doigt comme une tare ou une déficience à éradiquer.

Tout progrès social, tout acquis social, toute évolution sociétale sont le fait de luttes opérées par des minorités nées dans la marge et la désobéissance.

L'homme marqué

-2012-

En fin de matinée, une demoiselle de belle apparence se gare devant le chalet. J'étais assis sur le banc, en pyjama. C'était un huissier envoyé par ma future ex-femme. Comment est-il possible d'en arriver à de telles extrémités ? Je suis dans un état second. Le divorce, ça n'est pas une sinécure...
Samedi matin, la gendarmerie de Rians me téléphone, sur mon portable, pour m'informer d'une convocation, en refusant de m'en préciser le motif. On me demande quand je serais disponible dans la semaine. Je décide de venir le lundi à 15h00 pour abréger l'attente. Une fois arrivé, une gendarme m'informe de l'objet de ma convocation :

« Votre femme a porté plainte contre vous pour violences exercées sur sa personne. Suite à des douleurs aux poignets et à une cheville, le médecin l'ayant examinée, lui a octroyé un jour d'ITT. J'aimerais vous entendre et recueillir votre déposition sur les faits. »

Le 3 septembre je suis monté chez moi pour récupérer l'acte de propriété de notre maison, car j'avais rendez-vous chez le notaire le lendemain, pour prendre conseil sur la vente de notre bien. Ma femme s'est opposée à ce que j'accède à ces documents, exigeant en contrepartie sa présence à ce rendez-vous. Je refuse, le ton monte, elle me barre le passage, je passe en force en lui tenant les poignets pour la mettre de côté, je récupère les documents et je réalise alors la détresse dans ses yeux et la stupidité de mon acte. Je lui présente des excuses et l'invite à

m'accompagner chez le notaire. Peine perdue, je ne récolte que des injures, sur le coup. Puis, un grand silence. À force de courber l'échine devant ses volontés et ses exigences, j'ai pris le parti, ce jour-là, de ne pas lui céder et ai fait le choix d'imposer ma volonté. L'accès à ces documents, " chez moi ", m'étant refusé et des conditions m'étant imposées, j'ai vu rouge ! Ma déposition fait deux pages resto/verso, je la signe après relecture.
Quelle aubaine pour Le Ministère de la Justice et des Libertés. Me voici dans le grand fichier national ! Me voilà donc les mains dans l'encrier, prise d'empreintes des dix doigts et des paumes. Le jeune gendarme, commis à cette entreprise, n'a pas jugé bon de me faire de procéder à cette opération dans une pièce à part ; je me retrouve alors devant le comptoir, au su et au vu de tout le monde. Heureusement qu'un gradé lui a fait la remarque de poursuivre à l'écart du public. Prise d'ADN, me voici me passant un gros coton tige dans la bouche, en prenant soin de bien frotter l'intérieur des joues. Ceux d'entre vous qui regardent des séries policières sont au courant : la gendarme ouvre un kit de stérilisation et revêt gants et masque de laboratoire. J'ai bien demandé auparavant si je ne pouvais pas plutôt cracher sur l'article du code pénal concernant ces dispositions, mais cela n'a pas été possible. Pour finir, le portrait-robot de l'assassin de face : deux clichés et de profil : deux clichés.
17h00 : je sors de la gendarmerie. Le parquet de Draguignan donnera suite à l'affaire puisqu'il s'agit d'un acte délictuel et non contraventionnel. J'avais l'impression d'être Michel Serrault dans ***Garde à vue***. Bref, soyez prudent. Et plutôt que d'encourir des procédures infamantes et dégradantes, réfléchissez à deux fois avant

de forcer un passage, même chez vous, et, qui plus est, défendu par votre "ex-moitié". Au train ou va notre justice, bientôt, vous finirez aux galères ! Jean Valjean n'est pas loin et le misérable, votre serviteur...

Vous savez, on parle souvent de liberté à tort et à travers, nous vivons dans *un pays où les hommes naissent libres et égaux en droits,* bien que l'actualité nous démontre tous les jours le contraire. Pour quelqu'un comme moi, qui aime vivre dans la marge, qui n'a pas su ni voulu entrer dans le moule, qui vit une nouvelle sexualité et qui n'est pas farouche pour affirmer ses idées et ses révoltes, ce qui m'est arrivé hier après-midi, m'a marqué au sens propre comme au sens figuré. Certes, il y a la flétrissure, marque infamante des prostituées d'autres fois, la marque au fer rouge des esclaves, le numéro de matricule tatoué sur la peau des déportés et des prisonniers, l'étoile jaune, le triangle rose, le triangle noir et beaucoup d'autres procédés avec lesquels, durant l'Histoire, la société a marqué des individus. Eh bien, aujourd'hui, je suis moi aussi un homme marqué, stigmatisé, fiché, répertorié, identifié par les services de gendarmerie. Je ne suis pas prostituée, ni esclave, ni juif, je ne suis pas non plus un prisonnier politique, ni un déporté. Mais une chose est sûre : on a porté atteinte à ma liberté et du même coup à mon intégrité. Les données me concernant seront archivées pour une période de vingt ans. Oui, j'en ai pris pour vingt ans de fichage ! Un jour, la justice aura les pleins pouvoirs pour débarquer chez vous afin de relever vos empreintes, votre ADN et vous prendre en photo, comme débarquent les agents du recensement national. S'ensuivront alors des trafics d'identités, de la corruption et des abus de pouvoirs.

L'homme libre que j'étais a aujourd'hui un code barre qui lui colle à la peau, le boulet ou le bracelet électronique du prisonnier. Cette sensation est d'autant plus détestable qu'elle est invisible. Notre liberté est un bien précieux. Dans un pays laïc à l'esprit frondeur comme le nôtre, mieux vaut ne pas être connu des services de police ou de gendarmerie. Souvenez-vous de la manière dont on a interpelé, bâillonné, condamné, torturé ou fusillé en France, des hommes et des femmes qui avaient eu l'audace d'entrer en rébellion. Ces hommes et ces femmes ont d'abord été fichés comme opposants ou fauteurs de trouble... Aujourd'hui, une simple bousculade au sein d'un couple est prétexte à relever vos empreintes. ***1984*** se rapproche... prenons garde à ne pas devenir une société de moutons étiquetés, faciles à diriger vers les prés autorisés, faciles à effrayer et si gentiment dociles pour finir à l'abattoir en bêlant leur innocence. Alors oui au mouvement des *Indignés*, oui aux associations de défense des citoyens, oui aux contre-pouvoirs et oui à notre libre arbitre. " Liberté, liberté chérie ... "

Les monologuistes

Certaines personnes sont incapables de dialoguer, oubliant systématiquement leur interlocuteur.
Ces dialogues sont en réalité de véritables monologues.
Aucune question témoignant une curiosité ou un intérêt quelconque à l'égard d'autrui.
Deux voies parallèles qui jamais ne se croisent.
Un constat, une phrase, une réflexion est lancée et aussitôt, votre interlocuteur ne cherche pas à ce que vous développiez ou à ce que vous approfondissiez votre idée, que nenni !
Il rebondit sur lui-même, vous assénant un « moi je...» ou un « moi aussi », ou encore un « eh bien moi ! »
En connaissez-vous ?
En avez-vous déjà fait les frais ?

La virilité dans la tourmente

La femme s'amuse et s'attendrit de voir l'homme se débattre avec sa virilité.
En future mère ou déjà mère, **Elle Le** regarde comme l'enfant qu'il était naguère, ne sachant choisir entre la force et la faiblesse, entre la tendresse et la rudesse.
Le mâle ne sait plus doser sa masculinité car la féminité gagne du terrain dans tous les domaines de la vie.
La sensibilité, la méticulosité et le bon goût sont souvent l'apanage des femmes ou bien des homosexuels.
La virilité est aujourd'hui associée à la bestialité et à la brutalité. La célèbre pub *Marlboro* du cow boy clope au bec aurait-elle fait long feu ?
On demande aux hommes de la délicatesse et de la douceur. Pour certains, métrosexuels ou non, cette demande est facilement réalisable, car ils portent déjà en eux ces qualités. Pour d'autres, c'est un véritable casse-tête que de savoir doser leur douceur. « On n'est pas des pédés ! » - s'exclament-ils avec fierté.
Ne parlons pas de la drague…Comment faire de nos jours pour aborder une fille dans la rue sans passer pour un gros lourdaud, sans déclencher les sirènes de Me too ?
Je vous renvoie à la lecture de l'intégralité de la tribune du journal *Le Monde* signée en 2018 par plusieurs artistes femmes, dont Catherine Deneuve, en réaction au Mouvement Me too : *« la liberté de dire non à une proposition sexuelle ne va pas sans la liberté d'importuner »* - déclarent les signataires qui disent défendre *« la liberté d'importuner indispensable à la liberté sexuelle. »*

Noël ou la Saint Jean ?

-2011-

Noël s'approche à grands pas...beaucoup d'agitation, beaucoup de frénésie, beaucoup d'illuminations et de décorations. Beaucoup de tristesse au fond de moi.
Je ne crois pas avoir déjà, réellement, partagé l'allégresse de Noël.

Les fêtes. Bonnes fêtes ! Joyeux Noël !

Peut-être lors du premier Noël de Sarah, peut-être mes premiers Noëls, où je croyais encore au Père Noël, où la magie, la féerie blanche et scintillante me ravissaient et m'émerveillaient encore. Noël, c'est la réunion intime de la famille terrestre et de la famille céleste, déjà nombreuse. Rébecca est sortie du cercle. Le cercle de famille de Rébecca est sorti de mon Noël, envolé de mon horizon enneigé.
Plus les années avancent, plus la période de Noël ressemble à un vaste cimetière où je me perds, où je m'angoisse, où je me souviens de tous les miens, de toutes ces familles, de tous ces êtres d'ombre et de lumière qui ont partagé les repas de Noël avec moi.
Noël, c'est aussi le froid, l'hiver, la société de consommation qui annonce les fêtes depuis le mois d'octobre, les personnes seules, les hôpitaux, les maisons de retraite, les pauvres, *Les Restos du cœur*, *le Secours populaire*, *la Croix-Rouge*, les bénévoles, la détresse, les prisonniers, ceux qui se savent condamnés et qui forcent un sourire sur leurs lèvres pour fêter leur "ultime" Noël entourés de leurs proches.
C'est donc beaucoup de bruit, beaucoup de marchés, beau-

coup de souhaits, beaucoup de cadeaux, beaucoup de joie mêlée à beaucoup de malheur.
Les familles se rétrécissent bien plus souvent qu'elles ne s'agrandissent. On court, on se bouscule… « Chauds, chauds les marrons ! Chauds ! » Vite un dernier cadeau ! Les courses pour le réveillon, pour le jour de Noël, le sapin tout bien décoré, les chants de Noël, les sempiternels chants de Noël ! Des fois qu'on se croirait à la Saint-Jean ! On roule, on est bien habillés, on se gare, on entre dans une maison, les manteaux sont posés sur un lit, dans une chambre, et puis Noël peut commencer.
On mange, on boit, on écoute les sempiternels chants de Noël pour se convaincre, qu'à minuit, on ne dansera pas autour des feux de la Saint-Jean, mais que l'on se souhaitera un *collégial* « Joyeux Noël ! »
« Joyeux Noël à tous les malheureux ! À tous les miséreux ! À tous les handicapés ! À tous les vieillards ! À tous les grabataires ! À tous les malades incurables ! À toutes les personnes seules ! Oui, Joyeux Noël ! »
Au chaud, entre les coquilles d'huîtres et les carcasses de crevettes, entre le sapin qui clignote et les sempiternels *« Jingle bells, I wish you a merry Christmas, Minuit chrétien, Il est né le divin enfant … »*
Là, c'est sûr, on n'est pas le soir de la Saint-Jean ! C'est bien Saint-Nicolas, y'a plus de doute possible. On parle, on parle, on parle, on mange à en crever. On dit que c'est trop, qu'on en fait toujours trop et que chaque année, c'est pareil. On se plaint du régime que l'on va devoir faire…en ajoutant, avec lourdeur, le repas du jour de l'an comme l'ultime épreuve du *marathon des fêtes*. On boit à plus soif, on a dégrafé nos pantalons, on est ballonnés, on a sommeil. Minuit arrive : c'est la ruée vers le sapin qui nous fait de

l'œil, depuis le moment de l'apéritif jusqu'aux treize desserts. C'est le bruit des papiers cadeaux que l'on déchire sous l'objectif d'une caméra qui traîne toujours, pour l'occasion. C'est l'émerveillement devant les petits qui y croient encore… Et puis on s'embrasse, un peu vaseux, un peu ivres.

On reprend nos manteaux, on remonte dans nos autos. On rentre chez nous. Le lendemain, il faudra se lever tôt, remettre nos beaux habits cochonnés de la veille, reprendre nos voitures…la nuit sera courte.

Arriver devant une porte d'entrée, après avoir garé nos voitures. Admirer un nouveau sapin, de nouvelles décorations, poser nos manteaux dans une autre chambre et prendre l'apéritif avant treize heures, en écoutant les sempiternels chants de Noël, des fois qu'on s'rait complètement bouchés et qu'on voudrait danser à poil sur un balcon ou dans la rue pour se réchauffer aux feux de la Saint-Jean ! On a dit SAINT NICOLAS !

T'as toujours pas compris qu'il fait froid, que c'est l'hiver, que tu vas ouvrir des cadeaux, que tu vas manger comme un gros porc, boire comme une outre et piquer du nez au moment de casser les amandes, les noix et les noisettes, en te plaignant de ton putain de régime et du jour de l'an qui va bientôt arriver, tel un bourreau pour ton foie et ton estomac ?!

C'est la fin de la journée du 25 décembre, la première partie du marathon est terminée. Les pauvres sont toujours pauvres, les malades encore plus malades, les morts sont bien ensevelis sous la neige, les cadeaux sont ouverts, les papiers cadeaux ont rejoint les poubelles avec les reliefs des dîners et des déjeuners de fêtes.

C'est la trêve jusqu'au Jour de l'an…

Mon père parmi les vivants

-mai 2021-

Dans la voiture, en allant à Aix pour un rendez-vous médical, j'éclatai soudainement en pleurs. Je venais de réaliser que mon père était vivant dans mon premier livre ***Voyage au sud de ma vie*** et que nous étions encore liés, que nous irions loin tous les deux ensemble, grâce à lui. Mon père aurait sa place sur les tables de chevet, sur les banquettes arrière des voitures, sur les serviettes de plage posées sur le sable chaud et dans bien d'autres lieux de vie où son souvenir s'inviterait parmi les vivants.
Cet artisan maçon aux valeurs humanistes, cet enfant de Provence qui aimait tant les films de Pagnol, cet homme sensible, amoureux de la vie comme il était amoureux de sa femme, ce romancier du couple qui n'eût de cesse, sur la fin de ses jours, de célébrer ma mère et de magnifier leur union, si on lui avait dit qu'un jour, des inconnus, " des lecteurs " auraient pris plaisir à lire sa modeste existence relatée par son fils, il aurait hoché la tête dans un sourire goguenard et m'aurait dit gentiment : « Descends de la voiture ! »[24]

[24] Voir « les expressions de mon père » dans mon premier recueil paru en 2021 ***Voyage au sud de ma vie*** – en auto édition.

Au-delà

-Hiver 2022 -

La croyance en un au-delà, en une autre forme de vie après la mort, m'est de plus en plus évidente. Le simple fait de penser, de rêver, d'échanger des émotions, de susciter ou de vivre des sentiments est une preuve presque tangible de l'existence de l'âme et de la force absolue de l'esprit.
L'âme et l'esprit, dans notre vie terrestre, sont alimentés par les fonctions physiologiques de notre corps.
Le matériel faisant vivre l'immatériel.
La question est de savoir comment cette force absolue parvient-elle à poursuivre sa route, une fois détachée du corps, son unique aliment et pourvoyeur d'énergie, dans sa vie terrestre.
Car oui, l'âme et l'esprit survivent au corps, j'en suis convaincu. Sous quelle forme, alimentés par quelle énergie, dans quel espace-temps ? Je l'ignore.

Troisième partie

Politique et Société

Manif pour tous

-13 janvier 2013-

Mais qu'est-ce que ça peut bien vous foutre que des gays et des lesbiennes veuillent se marier et fonder une famille? Franchement, je suis atterré devant l'ampleur réactionnaire de la manifestation d'aujourd'hui, soi-disant privée de caractère homophobe ! Mon cul, oui ! La société évolue, la morale judéo-chrétienne se fissure et les gardiens du mauvais Temple se dressent contre la liberté d'accéder au bonheur et de le répandre autour de soi. Je ne savais pas la France si conservatrice et si rétrograde. Cette manifestation est une charge déguisée contre la reconnaissance et l'intégration sociétale de l'homosexualité dans notre cher pays. « Un papa, une maman ! » Pauvres cons ! Et le nombre de papas qui s'arrêtent aux aires d'autoroutes pour aller se faire tailler une pipe par un mec dans les toilettes, et ensuite reprendre la route, une fois leur envie assouvie, avec femme et enfants pour passagers, on en parle ?! Il faut arrêter cette hypocrisie manifeste ! Les nostalgiques de l'apartheid demeurent, les nostalgiques des colonies existent, les nostalgiques du Fascisme sont prêts, les nostalgiques du Nazisme s'exhibent. Aujourd'hui, après le droit d'existence et d'égalité, reconnu aux Noirs et aux Juifs, la légitimation de l'homosexualité fait peur. Comme en son temps on a également eu peur des vilains communistes qui allaient confisquer les richesses. Comme on a encore peur de l'immigré qui vient manger le pain des Français. Et je réponds à votre critique : « non, je ne mélange pas tout, il s'agit bien d'exclusions de minorités ayant toujours existé. » L'homosexualité est apparue sur Terre en même temps que les couleurs de peaux et préexiste aux religions monothéistes actuelles. Mais putain, ouvrez donc les yeux, tous les antis ! De quel droit êtes-vous investis de la morale, du droit divin ? De quel droit voulez-vous donc interdire ? À l'école, vos gamins vont côtoyer d'autres gamins qui auront deux papas ou deux mamans, et alors ? Vous n'aurez qu'à désinfecter vos enfants de retour à la maison. Déjà qu'ils sont assis à côté de petits Maghrébins ou de petits Noirs ! Si en plus ils devaient partager l'air et l'espace avec des enfants d'homosexuels, quelle horreur ! Vous n'aurez qu'à proposer aux associations bien-pensantes un décret visant à rétablir le triangle rose cousu sur l'habit de l'enfant élevé dans le péché et l'immoralité. STOP à toutes les exclusions ! Disparaissez, vieilles carcasses putrides !

Dans la Déclaration des droits de l'homme et du citoyen du 26 août 1789, on lit :

Article. 4. *- La liberté consiste à pouvoir faire tout ce qui ne nuit pas à autrui : ainsi, l'exercice des droits naturels de chaque homme n'a de bornes que celles qui assurent aux autres membres de la société la jouissance de ces mêmes droits. Ces bornes ne peuvent être déterminées que par la Loi.*

Ce que l'on retrouve dans la deuxième Déclaration des droits de l'homme et du citoyen (Préambule de le Constitution du 24 juin 1793) sous une forme légèrement différente :
Article 6 *- La liberté est le pouvoir qui appartient à l'homme de faire tout ce qui ne nuit pas aux droits d'autrui: elle a pour principe la nature ; pour règle la*

justice ; pour sauvegarde la loi ; sa limite morale est dans cette maxime : Ne fais pas à un autre ce que tu ne veux pas qu'il te soit fait.

Le mot " nature " vous interpelle ? En connaissez-vous vraiment la nature ? En quoi le fait que deux hommes ou deux femmes qui s'unissent par les liens civils (et non pas sacrés, faudrait tout d'même pas déconner !) du mariage portent-t-ils atteinte à la liberté d'autrui ? En quoi le fait que deux hommes ou deux femmes élèvent des enfants, dans le respect et l'amour et constituent une famille à part entière, porte-t-il atteinte à la liberté d'autrui ? C'est la peur, comme souvent, qui fait se cabrer le traditionaliste. « N'ayez pas peur... » Nous dit Jean-Paul II, sur son lit de mort. Une prise de conscience in extremis du chef de l'Eglise catholique romaine ? Une apparition lui montrant l'acceptation évidente des différences ? On peut toujours rêver... Si deux personnes du même sexe se marient, elles connaîtront, comme les hétérosexuels, les affres du divorce et des gardes d'enfants, les tribunaux auront encore plus de dossiers à traiter, et alors ? ***Enfance et partage,*** vous connaissez ? Combien d'enfants élevés avec un papa et une maman subissent-ils de maltraitances en France ? Poser vous les bonnes questions avant que d'interdire et de juger ce qui vous fait peur et vous dégoûte. Le dégoût de l'indifférence, de la morale puritaine et du conformisme me semble plus éclairé que votre dégoût malsain, belliqueux, couard, sournois et puant.

" La liberté du cochon s'arrête là où commence celle d'une truie..."
Coluche, revient !!!!!!!!!!!!!!!!!

Marre !

-2020-

Marre de l'hygiénisme paroxystique atteint avec le covid ! Je veux pouvoir me gratter le cul et sentir si ça pue ou si ça sent bon, parce que je revendique ma part d'animalité.
Je veux pouvoir me gratter les couilles sans passer pour un gros dégueulasse parce que, chez l'homme, c'est un geste naturel et instinctif.
Je veux pouvoir pisser dehors sans avoir besoin de me laver les mains.
Je veux pouvoir me moucher, dehors, qu'avec mes doigts.
Le gel hydroalcoolique et le masque obligatoire vont achever de nous civiliser. Je refuse qu'on me civilise davantage.

Marre de l'aseptisation forcenée !
Vivre sans gants, sans culotte et sans mouchoir ne fait pas de moi un homme sale, mais plutôt un homme affranchi des diktats sanitaires et sociaux.
J'aime me promener nu et ne pas me soucier de la terre ni de la poussière. La saleté est dans les villes.
Lorsque je rentre de la ville, je me désinfecte de la pollution physique et mentale.

Marre de porter un masque qui m'étouffe et me dissimule !
Moi, je suis un homme libre, sans compromis avec la dissimulation et le mensonge.
Je veux cheminer tête haute et à visage découvert.
Non à l'étouffoir dictatorial ! Recouvrons notre liberté d'hommes ouverts aux autres hommes !
Non à la mascarade antidémocratique !
Non au despotisme de la peur !

Le masque

-2020-

De tous temps, le masque a été conçu et porté pour se travestir ou se cacher à la vue d'autrui ou encore utilisé de manière réflexive, pour soi, au détriment des autres.
Voilà pourquoi aujourd'hui, bon nombre de gens envisage le masque de la même façon, avec l'idée d'auto protection face à un élément extérieur dont on se coupe.
Or, il n'en est rien avec nos masques chirurgicaux. Il s'agit même de l'inverse. En effet, les chirurgiens se masquent pour ne pas contaminer les chairs ouvertes et non pour ne pas être contaminés.
Nos villes se transforment en gigantesques hôpitaux à ciel ouvert où nous sommes tous devenus chirurgiens, infirmiers ou malades.
La vue de tous ces masques bleus sur ces visages mornes inocule en nous l'idée même de la maladie et du mal être.
Un état morbide d'une société docile en proie à la peur de mourir, là où il faudrait tomber le masque et respirer la vie à pleins poumons !
Non contents de nous tenir par le portefeuille, ils nous tiennent à présent par le mensonge et la terreur.

Illustration de Philippe Laprade

Qu'ont-ils fait de nos cerveaux ?

-2019-

Qui pourrait m'expliquer comment l'on peut s'insurger contre les hyper riches qui gagnent plusieurs SMIC à l'heure et dans le même temps être fasciné par ces mêmes gens, au point de les élire à la tête de pays démocratiques? Sarkozy, Macron, Berlusconi, Trump et bientôt Bloomberg avec une fortune estimée à 50 milliards de dollars ! La fascination de l'argent, l'idolâtrie aveugle du veau d'or, la croyance que les selfs made men sont les mieux placés pour gérer un pays, puisqu' ils ont " réussi " à gérer des banques, des entreprises, des holdings et des trusts, sont autant de leurres et de miroirs aux alouettes.
"Pirouette cacahuète... il s'est cassé le bout du nez... il s'est cassé le bout du nez... la maison est en carton ... "
Cette cohérence-là est fallacieuse, car un pays a une dimension sociale, culturelle et artistique que n'ont pas les Bourses des marchés financiers. Parce que l'entraide, la solidarité et la justice ne font pas partie du vocabulaire des milliardaires. Comment arrive-t-on à faire confiance à des gens qui nous écrasent, avec des mœurs ultra libérales et une idéologie hyper capitaliste ? Comment est-il possible de les admirer ? Cette incohérence est tout de même incroyable !
À l'heure des réseaux sociaux où nous avons accès à toutes sortes d'informations, auparavant dissimulées, sommes-nous si faibles pour nous laisser abuser ? Est-ce vraiment la seule faute des médias et des publicitaires ? Je ne le pense pas. Je pense que certains admirent les parcours des

puissants et imaginent secrètement, en votant pour eux, que ces nantis les prendront en considération en bons "petits pères des peuples" qu'ils ne seront jamais (et heureusement d'ailleurs).
En donnant sa voix à l'idole, par procuration, on croit donc partager le gâteau national, en tant que citoyen. On s'invente une vie avec un tonton d'Amérique. On est fier de la lumière qui inonde le prince, le roi.

Mais bordel de merde, qu'ont-ils fait de nos cerveaux ???!!!

La grand-messe du 20h00

-14 novembre 2020-

Je tiens à préciser que je ne remets pas en question l'existence de Covid longs, (j'en connais personnellement), ni le fait que des personnes en soient mortes, au tout début de la pandémie. Ce qui est combattu ici, c'est l'exagération médiatique confinant à l'hystérie, ainsi que les mensonges éhontés de nos gouvernants, relayés par ces mêmes médias ignares. Tout cela dans le but de museler l'opinion publique, en lui volant son libre arbitre.

Acte I

Journal du 20h00 de France 2, samedi 14 novembre.

Un groupe de 300 personnes a fait la fête : images de prélèvements de police scientifique pour retracer les cas Covid. *« Les participants sont priés de se faire connaître.»*

On se croirait à mi-chemin entre la série V et Xfiles.

Contre-attaque de la chaîne : deux reportages sur les victimes du Covid, dont une jeune femme *« sans aucun problème de santé »*, qui *« ne s'en remet pas »*.
La phrase concluant ce reportage : *« Notre tournage l'a épuisée, elle est alitée depuis »*.
Le message ne tient même plus de l'implicite. Les chiens du gouvernement jouent les pères la Morale. Ils jugent et condamnent sans aucune vergogne.

Bientôt le Delahouse nous dira :

« Des citoyens ont désobéi aux règles sanitaires établies par notre bon gouvernement. Désobéir c'est mal, c'est puni par la loi et mérite une lourde sanction. Nous espérons que vous, chers téléspectateurs, vous saurez rester obéissants à notre bon gouvernement ».

Acte II

« Une vidéo de complotistes de 2h43mn tourne sur les réseaux sociaux. Elle s'intitule ***Hold up*** *et comporte plus d'une vingtaine de contrevérités. Nous allons vous en présenter 3. »*

Je n'ai pas vu cette vidéo. Il doit certainement y avoir des maladresses et des inepties, mais elle représente, avant tout, une voix dissidente envers la rigueur militaire de la doxa gouvernementale.

« Un citoyen qui contredit la norme est un mauvais citoyen, pire lorsqu'il s'agit de critiquer la politique sanitaire du gouvernement, le mauvais citoyen devient un COMPLOTISTE. Heureusement, que nous sommes là, chers téléspectateurs pour vous empêcher de succomber au péché de la pensée contradictoire. Pour votre salut, nous avons la mission de vous ramener dans le droit chemin ».

Plus que jamais, l'Église moderne c'est la grand-messe du 20h00, avec ces prêches et ces sermons.

C'est à vomir les clous de ***L'Exorciste*** *!*

La stratégie gouvernementale de la fragmentation sociale

-avril 2021-

Avec mon compagnon, nous venons de visionner quelques vidéos de l'INA. Principalement des vidéos d'enfants et de vieillards. Le point commun de tous ces êtres était la fraîcheur. Une forme de naïveté. Le respect et l'humanité dans leur rapports aux autres, au quotidien. Une absence d'indécence et de vulgarité qui contraste avec leur omniprésence dans notre époque. La société a évolué au profit de *l'épanouissement personnel*, de l'affirmation de l'individu. Nous avons lutté et œuvré pour gagner plus de liberté et d'indépendance. La rançon de notre quête d'individualité est l'avènement de l'individualisme, le repli sur soi, la perte de liens, le recul de l'entraide et de la solidarité.

Auparavant nos sociétés étaient des sociétés de classes, de masses, de groupes. Les gens étaient plus résignés, plus fatalistes et soumis à leur sort. Cependant, à toute cette abnégation étaient liés, de façon consubstantiel et inhérente, le respect, l'honneur, la confiance, l'obéissance, la croyance, la sagesse, l'entraide, la solidarité, la conscience de classe, et, bien entendu : " l'incontournable morale judéo-chrétienne ".

À présent, l'individualisme, induit par le capitalisme, en détrônant le groupe, a promu l'individu au centre du monde. À la Renaissance c'était l'homme qui avait été placé au centre du monde à la place de Dieu. Ici, l'individu à la place de l'humain. Cette prise de pouvoir s'est opérée au détriment de l'intérêt, de l'affection et de l'amour, naguère portés à son prochain. En s'isolant, l'homme se

coupe des autres hommes. Il se proclame unique et invincible. De cet ostracisme choisi est né l'indifférence, la peur de l'autre et l'insatisfaction permanente. Peu à peu, nous devenons des êtres asociaux, des ours mal léchés et parfois aussi mal embouchés.
Depuis la crise sanitaire, le distanciel est devenu le droit chemin, la doxa, l'avenir de notre société, opposé à ce présentiel pesant et rétrograde qui, pourtant, était garant des liens sociaux et du savoir vivre.
De la même manière, on a opposé *l'essentiel* au *non essentiel*. De quel droit, d'après quels critères d'objectivité a-t-on pu décréter ce qui était, de fait, nécessaire ou superflu ? Une action envers le groupe de la part du gouvernement. Une politique d'interdiction adressée au groupe, « pour son bien ».
Le fait d'accélérer le repli et l'isolement, déjà en marche chez tous les individus, en prônant le distanciel et le confinement (une forme de réclusion solitaire pour beaucoup), augmente la division entre les hommes et développe en parallèle le désintérêt pour l'humanité, pour le groupe. Cette stratégie de fragmentation sociale est une stratégie gouvernementale : *Diviser pour mieux régner.*
Les pro-masques et les anti-masques, les pro-vaccin et les anti-vaccin, les jeunes soi-disant insouciants opposés aux " vieux sages ", les gens qui veulent penser et réfléchir taxés de complotisme opposés à la pensée unique distillée par les médias, relais fidèle de l'État.
Ce faisant, en cassant les liens, le gouvernement casse les alliances, détruit les communautés de pensées et accentue l'indifférence et le désintérêt des individus pour la démocratie. C'est une stratégie de pouvoir.
Il y a trois ans en arrière, le peuple se regroupait, se ren-

contrait, se ralliait et se soudait en formant la belle aventure humaine des *Gilets Jaunes*.
Quelle aubaine que le Covid ! Le frein parfait pour nous empêcher de revenir à une conscience populaire, au profit de l'éclatement du groupe en une myriade d'individus veules, inoffensifs et désinvestis de toute volonté de pouvoir politique.
Quel sera l'avenir du peuple en tant que regroupement d'hommes et de femmes désireux de vivre ensemble ?
Quel sera l'avenir de l'individu indépendant, en quête de liberté et de réussite ?
Le Pouvoir en place veut régner en maître absolu, en gommant peu à peu la démocratie des habitudes de vie de l'individu, pour lui substituer le divertissement.
" Des jeux et encore des jeux ", des films et de la musique à gogo. Plus l'individu sera isolé (distanciel et confinement) de ses semblables, plus il sera docile et gouvernable.
Quant aux médias, ils sont devenus l'arme absolue du pouvoir pour endormir les consciences.
Les menaces de sanctions financières incarnées par les amendes et les menaces de violences policières incarnées par le déploiement des forces de l'ordre sont les deux autres outils utilisés pour museler la société.
Une fois que nous aurons définitivement perdu le goût du vote, de la politique, de l'engagement personnel et de l’engagement collectif, alors nous aurons oublié notre besoin de démocratie.
Nous vivons actuellement dans la peur et la résignation, sous un régime aux accents totalitaires, de surcroît inféodé aux puissances financières. Quelle sera l’issue de la prochaine présidentielle de 2022 ?

BFM TV : Besancenot-Bourdin

-15-12-2019-
Réforme des retraites et grève des transports.

Besancenot est brillant dans son exposé. Tout est si clair, si évident, surtout la partie relative à la retraite complémentaire, en lien avec les assureurs. Si une vidéo doit être partagée sur le sujet des retraites, c'est bien celle-ci. Et Bourdin de lui demander « Qui galère le plus, le salarié SNCF, le salarié RATP ou celui qui fait 20 km à pied pour aller bosser ? » Mais quel connard ce type ! L'establishment va arriver, à coup de matraquage médiatique, à mettre en balance, et donc en opposition, une situation temporaire de grève assumée par des gens courageux et responsables avec un combat pour l'avenir de tous les travailleurs. C'est vraiment dégueulasse ce qui se passe. J'en ai la nausée de ces micro-trottoirs de caniveau ou les pauvres Français risquent de ne pas bouffer leur putain de dinde aux marrons en famille, ce Noël.

Alors qui galère le plus monsieur Bourdin ? Cette manipulation émotionnelle est une honte à notre intelligence. Mais c'est tellement mal fait, les ficelles et les sabots sont si gros que c'en est pathétique... Et ces suce-boules de BFM TV qui rivalisent de reportages plus écœurants les uns que les autres sur les difficultés de transports, la prise en otage des gentils salariés, si respectueux de la loi, par les méchants grévistes qui jouissent tellement à aller manifester dans le froid pour le droit des gentils ! Remarquez...entre suce-boules, on doit forcément se comprendre... Le calendrier de la réforme a été choisi par le gouvernement. Alors à qui la faute si on ne mange pas la dinde aux marrons ? La faute à Macron !

Tes soldats de la Force

-2020-

Suite aux nombreuses violences policières perpétrées lors des manifestations contre les Gilets Jaunes et les retraités.

Tu as raison, Manu, ne fais donc pas de trop long discours,
tes SOLDATS DE LA FORCE parlent pour toi.
Mais au secours !
On n'en peut plus de cette fascisation de notre société !

Aujourd'hui, il ne suffit plus d'agiter l'épouvantail du Rassemblement National pour combattre le fascisme, il est déjà au pouvoir. Quel beau jeu d'adresse, M. Macron ! « Ni gauche ni droite » – que vous disiez…
Quelle est cette démocratie où l'on gouverne à huis clos depuis un Conseil de défense, quelle est cette démocratie où l'on promulgue des décrets et des ordonnances à tour de bras, sans jamais consulter les citoyens par référendum ? Quelle est cette démocratie où l'on contrôle et verbalise les citoyens de façon arbitraire et systématique ?
Le peuple doit impérativement recouvrer son pouvoir.

La Réforme des retraites

-9-01-2020-

Soirée exceptionnelle de débat sur France 2, animée par Léa Salamé et Thomas Sotto autour de la réforme des retraites.
Pour l'essentiel, autour de la table : des salariés du secteur privé et du secteur public, un louveteau du MEDEF[25], le ministre de l'Education Nationale, Jean-Michel Blanquer, " le nouveau Monsieur Retraites du gouvernement[26] " et le gentil morse au sourire désarmant, secrétaire général de la CGT, Philippe Martinez.
La France est " malmenée " depuis 36 jours, par la grève, nous dit-on…
Certaines professions, dont les commerçants et les restaurateurs, se disent exsangues, suite à la paralysie des transports.
J'apprends que 1% de français représenterait, à lui seul, les 42 régimes spéciaux, actuellement existants. Ce chiffre me semble aberrant !
30 minutes de débat : je ne comprends rien au système de points et de régime universel qui prétend, tout de même, accorder un traitement particulier à des professions dites " pénibles ". Je comprends donc que la pénibilité dans le travail, incarnée par les fameux 1%, sera reconnue et " dédommagée ", en quelque sorte, par une augmentation

---

[25] Fabrice Le Saché
[26] Laurent Pietraszewski

de la pension. Cependant, cette information vient compliquer l'appréhension de l'universel et du spécifique…
Martinez demande clairement à *Monsieur Retraites*, à quel moment un travailleur, qui commencerait à travailler aujourd'hui, devrait prendre sa retraite pour pouvoir obtenir une carrière dite pleine. La réponse de Monsieur Retraites est arithmétiquement amphigourique : nous n'y comprenons rien.
1h30 de débat et la question essentielle n'est toujours pas posée.
Tout le monde raisonne avec des éléments désuets, tous avancent des pièces pourries sur un échiquier moisi, tous ont en main le même jeu de cartes poussiéreux qui tombe en décomposition, tous parlent un vieux langage poussif qui n'a plus d'âge, tous sont enfermés dans des schémas archaïques, conservateurs et contraignants.
Mais bordel de merde, la question essentielle, celle qu'il faut mettre sur la table, tient en un seul mot : RÉVOLUTION !

Attention : la partie qui va suivre contient un lexique éculé de gauche, à tendance syndicaliste radicale, qui pourrait bien être assimilé à de vieux poncifs prosélytes !

Comment est-il possible de ne pas dire avec évidence qu'il faut réduire de façon considérable l'écart indécent des salaires ?
Pourquoi ne pas parler des profits, inutiles à l'économie du pays, réalisés par les patrons du CAC 40 et par les

actionnaires des grandes entreprises ? Profits démultipliés par la spéculation obscène.
Comment est-il possible de ne pas parler des milliards d'euros que constituent les évasions fiscales ?
Pourquoi ne pas parler du train de vie exponentiel de l'Etat et de ses hauts fonctionnaires ?
Comment ne pas évoquer, dans un tel débat, le rôle des assurances privées des complémentaires retraites qui vont s'en mettre plein les poches, car les retraités n'auront d'autres solutions pour vivre que d'y souscrire massivement ?
Pourquoi personne ne rappelle qu'une société moderne est une société humaniste et solidaire ?
Comment se fait-il, qu'après l'âge d'or de la retraite à 60 ans que célébrait naguère Tino Rossi, on puisse parler de retraite à 64 ans ?
L'évaluation d'une société se mesure à son confort de vie, à ses acquis sociaux ainsi qu'aux progrès de sa médecine et de son niveau d'instruction.
Le progrès qu'on nous vante serait donc de travailler plus longtemps, sous prétexte que l'on vivrait un peu plus vieux ?
Mais quelle est donc cette société qui progresse de façon involutive ?
Les romans de Science-Fiction et ceux d'Anticipation, que prisait mon père, nous parlaient autrefois de robots qui travailleraient à la place des hommes, libérant ainsi les humains « du Tripalium », du carcan qu'est le travail, surtout du travail pénible de ce 1% de la population, afin

d'offrir à chacun du temps pour s'instruire, se divertir et devenir meilleur.
Qu'en est-il aujourd'hui ?
Le capitalisme demande encore plus d'efforts à chacun, et ce plus longtemps, en faisant croire qu'il s'agit d'un effort national !
Mais le sujet fondamental est bien celui-ci : un effort national dans le seul but d'engraisser les riches qui n'ont rien à faire du partage et de la solidarité, qui entretiennent les inégalités uniquement pour générer des profits iniques et nauséabonds.
Alors oui : RÉVOLUTION ! TABLE RASE !
Changeons de langage, changeons les cartes pour un nouveau jeu axé sur le partage, sur une économie solidaire et responsable, construisons un nouvel échiquier avec des pièces neuves et propres, inventons une société de gens fraternels et philanthropes, car la philanthropie ne doit pas être une utopie mais bel et bien un élément prégnant d'une société progressiste, en opposition au capitalisme réactionnaire et dévorant qui ne cesse d'accroitre la misère et la haine entre les hommes.

Plaidoyer pour la révolution par les urnes

-2019-

Il n'est pas aisé de livrer ainsi, dans un tel ouvrage, ses opinions politiques, sans s'exposer à un rejet et à un désaveu d'une partie de son lectorat. Je prends le risque, en osant espérer que les lecteurs contraires à mes opinions sauront faire la part des choses. Si vous n'adhérez pas à ce texte, oubliez-le donc et gardez le souvenir des 114 autres fragments, présents dans ce recueil !

Mal-être social, déséquilibre des richesses, indigence des services publics, revendications des Gilets Jaunes, violences policières, arrogance des politiques, incroyables cadeaux fiscaux faits aux grandes entreprises, faramineux salaires et indécentes pensions des politiques : tout cela porte en germe la révolution d'un peuple.

Mais, malheureusement, à chaque fois, il ne s'agit que de coulées de lave sans éruptions, de vagues sans tsunamis et d'insurrections sans volonté de table rase. Il fallait élire *La France insoumise* et non pas *La République en marche* et surtout ne pas voter en masse pour la sinistre onde Marine. La révolution la plus efficace se fait d'abord dans les urnes.

En 2022, si tant est que vous souhaitiez encore balayer les injustices sociales, renverser les inégalités et redistribuer les richesses dans notre pays, votez en accord avec vos idées révolutionnaires.

Les ronds-points, c'est bien, les manifestations aussi, mais soyez cohérents jusqu'au bout et clairvoyants, faites donc exploser les volcans de la révolte dans les isoloirs ! Vous avez le pouvoir de faire advenir un véritable tsunami révolutionnaire, en mettant dans votre enveloppe votre

putain de bulletin de vote : votre voix. Celle que vous gaspillez aux comptoirs des cafés, celle que vous brisez dans la rue, face à un mur de surdité capitaliste et dictatorial.
Gaulois ? Révolutionnaires ? Mais bordel, les Français comprendront-ils à temps, en 2022, que seul l'avènement de la sixième République sera leur salut et l'unique révolution qu'ils ont à mener pour qu'enfin triomphe la justice sociale !?
Tous pourris ce n'est pas vrai !
Vous voulez la révolution ? Elle est à votre portée. Soyez responsables et constructifs, ne vous trompez pas de camp.

En babouchie

Un bulletin d'informations que vous n'entendrez jamais au journal de 20h00 !

« En Babouchie, s'ébauche la débauche …
C'est en babouches, dans les bains-douches que s'abouchent les débauchés, la plupart mal embouchés. Le bouche-à-oreille chante que les bambocheurs débouchent maints bouchons de chopines de vin bouchés. Le vin chauffant leur bouche, la bamboche débouche sur des parties de bouche à bouche, à s'en démancher les chicots. De la bouche aux miches il n'y a qu'un "chat". Dans les cheneaux et les chatières s'emmanchent les chichis.
La chienlit touche tous les Babouchiens. Ça bouchonne dans les chambres à coucher.
On chuchote qu'il s'agit d'une nouvelle entéléchie.[27]
C'est la chierie en Babouchie ! »

---

[27] Chez Aristote, état de parfait accomplissement de l'être.

La course folle

Toute cette course folle n'est que théâtre et illusion.
Le point d'arrivée est la fin de la carrière.
Nous cherchons à amasser de l'argent, nous échafaudons des plans de vie meilleure pour ne surtout manquer de rien et, si possible, avoir tout, au détriment de notre santé physique et mentale.
Toutes ces gesticulations vaines me font sourire...
Au fond, nous sommes tous sourds au message du bonheur.
L'essentiel étant de vivre simplement avec un toit sur la tête, une assiette frugale et un lit confortable. Tous les autres biens matériels sont superflus.
La beauté de la nature, la chaleur du soleil, celle d'un feu et d'un lieu, la bonté des gens vrais sincères et profonds suffit.
Et si cette vie spartiate nous effraie, ayons alors une pensée pour les sans-logis et pour tous les travailleurs pauvres qui se contenteraient bien de ce minimum-ci.

Quatrième partie

Larmes et Tribulations

J'ai été heureux jadis…

-2015-

J'ai été heureux jadis... Enfant, avec mes parents à Cassis, dans ma chambre, dans le salon, dans la cuisine, sur la terrasse.
Avec mes grands-parents, dans leur salon, sur leur terrasse, dans ce fameux "petit lit pliant", à passer des soirées avec eux, devant la télé.
J'ai été heureux de jouer aux petits chevaux et au Monopoly avec pépé.
Les dimanches après-midi, au restaurant avec papa et maman, les pique-niques à la plage ou aux *Rouvières*[28] avec Yuki, notre berger belge.
J'ai été heureux à la villa, quand je parlais littérature avec ma mère, le soir, dans sa chambre mansardée.
J'ai été heureux lorsque j'ai fondé ma propre famille, lorsque j'évoluais au sein de ma famille de sang et au sein de ma belle-famille qui était mon pain quotidien.
Le poulet que faisait ma femme les samedis midi, lorsque je revenais de chercher Sarah de l'école ; notre maison, l'enclos avec les bêtes et la basse-cour, les vacances en Corse et en Italie...
Oui j'ai été heureux et, à présent, je ne le suis plus.
Tout s'est effondré autour de moi et sur moi.
Je vis en costume pour endosser des masques afin de sentir et de ressentir le pouls de la vie qui n'a plus aucune saveur pour moi. Ma fille vit sa vie d'ado, en passe de devenir adulte l'an prochain, mon père est mort, mon chien est

---

[28] Lieu-dit entre Cassis et Carnoux en Provence.

mort, mon couple est mort, ma famille est morte, ma mère est inconsolable et je suis seul à mendier l'amour d'un garçon.
Seul comme un chien auquel on donne des coups de bâton, auquel on jette des pierres. Un chien qui erre sans but, en quête de caresses et de chaleur.
J'ai de l'argent depuis peu, mais j'ai perdu mon bonheur.
Ce soir, j'ouvre ma porte aux souvenirs. Néanmoins, je ne vais pas tarder à la refermer. Je ne la leur laisse jamais ouverte bien longtemps, car ils ne se comportent pas très bien chez moi. Ils dérangent, chahutent, bousculent, parlent fort, salissent et s'installent, comme s'ils étaient chez eux.
J'ai rêvé d'une naissance, je revois la formation de l'embryon, la gestation et la mise au monde. C'est étrange, j'avais l'impression de donner la vie. Je reste confiant face à ce beau présage.

Le tableau familial

Nous avons tous une image fixe du tableau familial.
Puis, au fur et à mesure que passent les années, passent aussi les couleurs.
La patine et la poussière viennent le noircir, jusqu'au jour où une ombre noire s'y colle.
Puis deux, puis trois…
Toujours le même tableau, toujours le même cadre.
Mais l'image se voile, c'est le voile de la mort.

Illustration de Philippe Laprade

J’ai rêvé autour de la table

-Mon grand-père était encore en vie-

Nous étions tous réunis autour de la table familiale. Au centre de cette table se trouvait une boîte rectangulaire renfermant une douzaine d'œufs. De part en part, cette boite était reliée par quelques étiquettes.

– Oh la la la la ! - gémissait mon grand-père, chétif, courbé et apeuré - Oh la la la la !

Après de longues minutes de silence où nous cherchions vainement à esquiver nos regards, ma grand-mère s'exprima :

– Allez, à votre tour.

Elle venait d'arracher une étiquette de la boîte et la tenait fermement entre son pouce et son index.

– Oh la, la ! alors ça y est ? Tout est prêt.

Le vieillard, croulant sous les regards larmoyants de ses filles, de ses petits-enfants et de ses gendres, leur tourna le dos en essayant, de toutes ses forces, de mouvoir ses jambes de laine vers la fuite. Tour à tour, nous nous sommes approchés et avons arraché chacun une étiquette. Chaque étiquette représentait la participation de chacun à l'enterrement de mon grand-père.

« Papa, maman ! »

-avril 1997-

Mon grand-père se meurt en silence, la mort danse dans sa tête, il l'appelle, il la repousse, elle arrive en dansant et s'éloigne en dansant.

- Papa ! Maman !

Tu as beau les appeler, pépé, seule leur image flotte dans tes souvenirs, mais tu les as tellement chéris tout au long de ta vie ! Tes yeux s'étoilaient de larmes lors de tes récits familiaux ; tes yeux… si malicieux, ils brilleront bientôt dans les cieux.
Comme c'est étrange…

- Papa ! Maman !

« Ma mère a tant souffert
Qu'elle est dedans sa tombe
Et se moque des bombes
Et se moque des vers »

Boris Vian

La vie s'enfuit de ton corps, mais ton enfance est contenue dans ton dernier souffle ; avec lui, elle ira dans les brumes blanches… mais pas avant.
Les Italiens ont forgé le verbe rimbambire, cioè tornare bambino (c'est-à-dire retourner, redevenir enfant). Ce mot est doux comme ton âme, il résonne de tes jeux

d'enfant, de tes courses, de tes rires torrents, de ta vie d'avant.

RIM ! BAM ! BIRE !

Les Italiens parlent d'un parcours, d'un voyage, d'une régression lente. Ils retournent, à pied et à mémoire, là où les Français « retombent » brusquement comme une masse grave et décrépite.
RETOMBER : tomber à nouveau, comme si la première expérience de l'enfance était douloureuse. Si l'on retombe, c'est bien parce qu'au départ, il y eut une chute ?
TOMBER, CHUTER : que de souffrances dans ces verbes-là…
L'enfance est-elle si brutale, si douloureuse que ça ?
Certes non.
RETOMBER : double chute, double douleur.
Outre la douleur, la chute engendre la déchéance.
L'enfance, cet âge « idiot » où l'on n'est pas un homme responsable, sérieux, grave, mûr et réfléchi ; triste, conscient, souffrant, travaillant et luttant. Qu'elle est jolie la vie de l'homme ! L'enfance, vue comme une époque à enfouir, à cacher, à bannir.
Quelle tristesse devant ce verbe :
RETOMBER : cet état annonce la mort, que renferme la TOMBE du verbe.
Tout est dit.

- Pépé ! Tu oublies, tu renies ta dignité d'HOMME, ton honneur, ton orgueil, ta force ; tu déchois et tu t'enfuis dans la petite mort du début de la vie. Tu les emmerdes !

RIM-BAM-BIRE : quelle joie dans ces sonorités ludiques !
Niché au creux de l'enfance, le vieillard que tu es s'abrite de la pluie macabre. Ta vieille carapace se mue en une peau tendre et innocente. Les plaisirs, les images vertes et chaudes combattent tes tourments corporels.
L'enfance danse avec la mort, elle ne la connaît pas.
La vieillesse est enterrée avec ses ombres, l'enfant a tué le vieillard, la mort danse avec l'enfant.

- Gloire à toi qui ne méprises pas l'âge tendre ! Gloire à toi qui ne refoules pas ton innocence, ta faiblesse, tes rêves.

Les hommes, les vrais, ceux qui veulent le rester jusqu'à la fin, crachent sur eux-mêmes en crachant sur leur enfance. Ils sont à jamais souillés par la grisaille de leur pauvre moralité, de leur amère réalité, de leur sale conscience. Les hommes, les vrais, seront trop vieux pour affronter la mort. Elle les fera danser aussi, elle fera danser leur maturité, leur conscience et leur orgueil.
Ils danseront et l'enfant les regardera tourner jusqu'à la fin. Assis, sur le rebord du souvenir… Il ne leur tendra pas la main.

PLONGER en enfance
REVIVRE son enfance, voilà des mots plus doux, voilà pépé, les mots que j'ai choisis pour exprimer simplement la fin de ta vie.

L'épitaphe de pépé

-Mon grand-père s'en est allé le 25 avril 1997-

Ci-gît Georges Lafforgue : fils, frère, mari, oncle, beau-frère, grand-père, mais, au désespoir de son petit-fils, pas encore arrière-grand-père.
Pourtant, les années étaient là, en abondance, presque innombrables.
Quatre-vingt-douze années de lumière !
Quatre générations de vingt ans et un vieux whisky de douze ans d'âge !
Lorsque je mis le nez dehors, mon grand-père « venait d'avoir dix-huit ans » … et un demi-siècle.
Sa vie, depuis longtemps déjà, tournait au ralenti, accrochée à ses jeunes années comme de vieux souvenirs à dire et à redire.
Il y avait belle lurette que la truelle avait rejoint le ciel !
Seules quelques photographies m'ont fait savoir, qu'un jour, lui aussi, avait joui de la vie comme on chante des refrains. Jeune, il avait été, vigoureux et blagueur, séduisant et distingué.
Ma grand-mère, durant toute sa vie d'épouse, l'aura aimé comme la lune aime le soleil.
Sur la fin de ses heures, nourrice elle se fit, son mari devint son petit, son enfant malade qui appelait « maman » souvent, qui appelait « Jacqueline » en mourant.
Il n'en finit pas de mourir ; jusqu'à ce que survienne la caresse de la nuit…
Seul son humour lui survécut et il résonne, encore aujour-

d'hui, au tréfonds de sa descendance dont je fais partie.

« Pépé, ton rire torrent, ta voix rocaille, tes yeux de saule qui pleurent de rire et de douleur, suivant les saisons du ciel, suivant les saisons de ton cœur, seront des paysages figés dans nos mémoires où nous viendrons souvent te retrouver.

À bientôt, sous d'autres cieux que j'espère plus radieux…

Ton petit fils, Laurent. »

Photo Polaroid du 21-09-1986
"Pépé 82 ans – Avant-dernier jour des moustaches"

Précarité

-Mai 1997-

C'est bizarre cette sensation de précarité qui fait suite à la mort ; la mort, c'est quelque chose de définitif, de stable, d'immobile d'éternel.
Et pourtant, elle engendre ce sentiment d'instabilité ; rien de ce qui nous entoure ne nous appartient, parce que nous-mêmes ne nous appartenons plus. Nous devenons subitement locataires de nous-mêmes.
Seule compte alors la théorie de la relativité : on classe, on relativise, on évalue les événements de la vie que l'on épingle sur une échelle de valeurs.
Rien n'a d'importance face à la mort.
Soudain, tout devient léger, seul compte l'amour, seule vaut la vie que l'on rêve de vivre, le reste n'existe pas, le reste n'existe plus.
La vie n'est-elle pas étrange ?
Tu n'es jamais venu chez nous. Les marches qui conduisaient à notre gîte étaient trop nombreuses pour tes jambes de laine et à présent, tu es là : un tas de cendres grises contenues dans une petite urne veinée de marbre miel.
Le contenant est aussi fin que le contenu, aussi fin que toi, que ton esprit, que tes mains, que tes jambes finement veinées que tu rechignais à dénuder, sous ton short bleu ciel.
Polo de coton, chapeau de paille et short bleu ciel, voilà une image qui me rappelle l'été, ton été.
Mais, à présent, tu n'es plus.

Toute petite

-Le 24 juin 2008 disparaissait ma grand-mère-

Toute petite, toute petite,
Toute discrète, toute discrète,
Sur ton île d'amour, tu t'éveillas,
Sur ton île d'amour, tu t'épanouis.
Toute petite, toute petite,
Toute discrète, toute discrète,
À Paris, tu t'échinas,
À Paris, tu lui dis : « Oui ».
Toute petite, toute petite,
Toute discrète, toute discrète,
À Cassis, enfin, pas à pas, tu chômas,
À Cassis, enfin, on t'appela « Mamie ».
Toute petite, toute petite,
Toute discrète, toute discrète,
Avant minuit, tu t'effeuillas,
Avant minuit, tu t'endormis.
Si petite, si petite,
Si discrète, si discrète,
Une mamie chocolat,
Une mamie clafoutis.
Bien petite, bien petite,
Bien discrète, bien discrète,
Chez nous tous, tu refleuriras,
Chez nous tous tu auras ton lit.

Les âmes froides

C'est entre le grave et le pathétique, juste à côté de la nuit. Une nuit sans étoiles, sans lueurs opalescentes, sans espoir de ne jamais les revoir.
Un puits de pierres nocturnes renferme tous leurs songes. L'eau vaporeuse n'a pas de reflets. Elle est calme et triste. Ces âmes froides se sont abîmées ici, juste à côté de la nuit, au fond sans lueurs, de ce puits sans échos.

Les arbres sont roux

-1996-

Mon petit cousin, Guillaume et sa fiancée, Carole, tous deux âgés de vingt ans, ont perdu la vie dans un accident de voiture. Ils sont étendus côte à côte sur un lit, dans une chambre à coucher.
La mise en scène est aussi puissante que macabre : ils se tiennent la main, tandis que l'autre pend de chaque côté du lit où leur famille respective vient pleurer un enfant, en prenant dans leur main la main froide et morte.

Visages de cierges, corps de marbre, cœurs d'argile,
Couchés dans le coton moelleux, vous dormez.
Votre amour rayonne au cœur de l'hiver.
Ceints de bois lustré, boucles brunes et fils d'or,
Vestiges du printemps meurtri, jamais ne s'enneigeront.
Figées dans la glace claire, vos âmes demeurent.
Les arbres sont roux, le ciel pleure sur vous ses larmes de cristal.
La passion brûle vos cercueils, vos larmes d'amour se fondent en un poème de tendresse.
Si les torrents de vos vies se sont tus, les chaînes de l'ombre vous enlacent.
Les fiancés de la nuit ont scellé leur promesse.

Gautier, l'enfant mort-né

Un, deux, trois… je suis la mort, me revoilà, tu m'avais oubliée, mise de côté, mais je n'étais pas bien loin. Dans les entrailles de ta cousine, je couvais mes noirs desseins ; à Dame La Vie, ma rivale, mon ennemie, j'ai joué un de mes tours favoris : j'ai surgi avant que la prêtresse n'apparaisse. Je m'en délecte. J'aime lorsque j'anéantis.

Un, deux, trois, je suis partout, ne m'oublie pas. J'ai capturé Dame tristesse et, à présent, elle te tient compagnie. Elle t'entoure, elle t'enlace. Et toi, tu tombes, tu trépasses ! Elle est en toi, elle t'embrasse. Sa sœur Mélancolie est là, aussi.

Un, deux, trois, elles sont plus fortes que moi, je n'y parviens pas. Je la connais, la mort, et ne peux baisser les yeux face à sa loi. Il me faut te contempler lorsque tu parais, quitte à me brûler. Tu es une force, comme moi. Tu brûles et consumes. Je suis à vif, c'est horrible, mon cerveau se réduit, mon corps se cache, mon cœur grossit, mon cœur occupe tout l'espace. Ça y est… Je suis un cœur. Pauvre de moi, c'est pure folie !

Ma nausée

-1997-

Suite à mon échec à l'oral du Capes d'italien où le jury avait qualifié ma prestation d'" interprétation délirante ", la déprime s'installait peu à peu, malgré une puissance vitale qui essayait difficilement de se faire entendre.

Les mots s'engouffrent dans mon regard et disparaissent comme les heures. Mon cerveau refuse de traiter les informations. La matière grise a la couleur des cendres. Ecœurement, saturation, haut le cœur, moral au plus bas. Vite, de l'air, de l'oxygène ! Je suis seul face à des milliers de mots familiers qui forment pourtant des phrases si complexes, si épuisantes.

Comment faire ? La cohérence voudrait que ces innombrables feuillets soient, eux aussi, réduits en cendre, que la matière grise côtoie la matière morte ; fadaises littéraires ? Tourments d'écriture ? Mal de professeur avorté ? *Margutte*[29] éclata de rire, faut-il que j'éclate en sanglots ? Pourquoi pas. Marre de l'angoisse, peur des sables mouvants de la solitude. Petite souris, grise, elle aussi, terrée dans son p'tit trou comme on s'enroule sous la couette. Et pourtant... que de chemin parcouru... Tant

[29] Personnage imaginaire présent dans Le grand poème ***Il Morgante maggiore*** de **Luigi Pulci,** publié au xv° siècle.

d'années passées sur " *le sudate carte* "[30], tant d'efforts accomplis.

" Interprétation délirante "

Le verdict est sans appel. *J'en appelle à l'amour*, j'en appelle à la bienveillance, à la sollicitude, à la compréhension, au silence de l'écrasement. Marre de tout, envie de rien... et pourtant, une femme aimante et adorée, des yeux bons comme la terre que je rêve de posséder, mon second moi-même, mon unique je t'aime, ma caresse ruisseau, mon tendre corps, blanc comme les songes, chaud comme les braises.
En t'écrivant tu m'apaises, en te décrivant tu me fais penser : « je t'aime. »

Le pion des études, le pion de la vie, le pion du hasard, le pion du collège, servile, évaporé parfois, très souvent gai ! Qui sont-ils ces êtres vibrants sous les vents, emportés par les marées, perdus dans l'oubli d'eux-mêmes, au profit de chants plus beaux ? « C'est décidé », « je suis convaincu », « c'est certain », « j'ai pris une bonne décision ... » qu'il est loin le temps où mes oreilles entendaient cela, qu'il est loin le temps où ma bouche disait cela.
J'ai mal à l'avenir...et pourtant, quelle envie de vivre !
Mourir est une perte de temps ; vivre l'amour de son aimée, aimer son amour, se tordre de bonheur, essorer son

[30] *Le sudate carte* (les feuillets couverts de sueur), expression employée par **Giacomo Leopardi** dans son poème ***A Silvia*** publié en 1828, pour évoquer le travail intellectuel.

malheur dans un lac glacial, puis s'en aller vers les sommets azurés, respirer l'air des plaines, vastes comme le temps, vastes comme l'espoir. Oui, c'est ainsi que je voudrais voler. Au milieu d'une terre fertile, chanter l'eau vive, rire sous la ramée, écrire au pied d'un chêne, lire sous un olivier, étourdi par les cigales, ravi par les nuages, loin, loin, très loin du cloaque des nuits sombres, loin, très loin des hommes et des ombres. Avec toi ma douce, sur ton sein laiteux, je voudrais et je veux poser mes lèvres, pour me nourrir de soleil, pour m'enivrer de miel, pour sombrer dans ton sommeil.

Illustration de Philippe Laprade

Mort et liberté

-1998-

Ce matin, tandis que j'écoutais ma cassette audio *Mort et Liberté*, j'ai voulu prendre entre mes mains le cadre où repose la photo de mon grand-père. En l'approchant de mes yeux, j'ai commencé à dépoussiérer la vitre et n'ai pu réprimer quelques larmes bien grosses qui roulèrent sur mes joues.

Trop de violence. Trop de grossièretés. Je ne suis pas né, je ne suis pas fait pour ça. Où sont passés mes rêves? Où se sont évanouies mes chimères ? Vers quels cieux ont volé mes illusions ? Qu'ai-je fait de ma joie de vivre, de mes espoirs ? La grisaille s'installe, la liberté est enchaînée. Stop ! Arrêtez ! Non, pas la contrainte ! Non pas le travail !

Déjà trois jours pleins, quel supplice ! Alors cinq ou six… mieux vaut s'échapper tout de suite.

À présent, c'est Jean Ferrat qui chante " *La Cavale* ". On y est ! Il n'y aura eu que durant ces deux mois d'été où je me serai laissé aller à me répandre en écrits plaisants. Le bonheur s'est montré, je l'ai laissé passer, deux mois durant, il a couru dans mon cerveau, puis, par la suite, il s'en est allé.

Je sais exactement ce qu'il faut faire pour le retrouver, mais je n'en ai ni le temps ni les moyens ; les chaînes sont trop lourdes.

Ecriture automatique

Une de mes rares expériences d'écriture automatique.

L'étreinte de ton ombre transperce mon regard, tu m'inondes de ta nuit morne et sans chaleur, mon sang se durcit au rythme de ta voix qui sombre dans les cordes de nos vies pluvieuses où naguère des ancres marines s'enfonçaient mollement dans la lune brune où je te connus par hasard, au gré des flots rageurs qui me faisaient outrage ; moi, naviguant sur ce chaland sans âge, sur lequel mon repos cherchait sa sœur jumelle, perdue dans ce troupeau, où, seule, elle étincelle, fleurant les fleurs de l'astre à demi mort qui brille.
La lune, cette Dame qui chante une eau divine où mon chaland s'endort, à présent, sans ardeurs, où je t'attends, le cœur crevé par le malheur qui cache un sablier de regrets d'homme lyre, coulant à l'intérieur, suivant les grains du temps, tombant dans ce coffre que voilà devant toi. Prends-le et va-t'en.

Illustration de Philippe Laprade

Mentez toujours, mes beaux messieurs.

Certains hommes mentent et se vautrent dans leurs turpitudes. Une partie du genre humain est sale et malodorante. Point de commerce sans escroqueries, les pigeons sont légions et les aigrefins pullulent comme la vermine sous le soleil. Et quoi ? Faudrait-il pour autant se fermer, s'armer, se protéger ? Se coudre à même la peau une carapace de méfiance ? Couler sur son visage le masque de la défiance ? Porter à jamais la cuirasse de la malveillance ?
Mentez toujours, mes beaux messieurs ! Roulez-moi donc dans la farine, mes belles dames ! Peu me chaut vos affronts, ma fierté est ailleurs. Plus vous m'accablez de vos perfidies et plus je vous souris, car mon bonheur est dans le don, ma joie est dans le feu des yeux rayonnants de bonté naïve. Non, vous ne m'ôterez pas ma candeur ; non, vous n'éteindrez point mes ardeurs. Je brûle et je ris tandis que tu m'enfumes et m'estourbis. Es-tu fier de tes manigances? Es-tu heureux d'être si vil, toi l'homme sans vergogne ? Crois-tu vraiment en ta force ? Penses-tu vraiment être le maître ? Eh bien, je te le dis, toi le voleur, toi l'escroc, toi le traître, toi l'homme lie : tu ne vaux rien. Tu es plus pauvre que celui que tu as dépossédé, tu es plus à plaindre que celui que tu as dérobé, car celui- là, c'est moi.
Moi l'homme rire, moi l'homme lyre, moi l'homme empire, moi l'homme présent qui jouit de sa crédulité et se moque des madrés. J'ai perdu ? Tu m'as roulé ? Sache que je m'élève quand tu t'enlises ; toi l'homme en pire, toi l'homme ire, toi l'homme méchant. L'argent ne comblera jamais les abysses de ton âme, car ton âme est laide comme

une morte et souillée comme une chaise percée. Ta richesse malhonnête s'entasse dans ton être et ne remplit rien de plus que ton illusion de régner sur la faiblesse des petits. Tu ne sauras jamais que les petits sont les plus grands, car tu obéis aux apparences, là où triomphe la vérité sûre dans les cœurs purs.

L'étranger

Le monstre nocturne a déployé ses forces,
Les longues nuits paisibles sont mortes,
La fatigue engendre le mal.
Lorsque le monstre surgit,
Au milieu du sommeil, la nuit se tait.
S'élèvent alors les cris et les pleurs.
Puis le monstre s'évapore, ainsi que les larmes.
Il s'en va, au loin, dans le noir éternel.
Ce n'est qu'un « au revoir »,
L'étranger est en moi chez lui.

Illustration de Philippe Laprade

Journal de mes rêves et cauchemars

-Artigues, le 24 janvier 2018, 1h du matin-

Quelle prétention que ce gros carnet pour recueillir le fruit de mes nuits. Je ne pensais pas écrire de sitôt, et encore moins dans ce livret offert par ma fille…
Hier, j'ai vu (ou plutôt ressenti) une femme et puis un autre détail qui m'échappe, à présent.
Avant-hier, j'ai vu une crosse d'évêque (ou bien une houlette de berger ?) Le mot message est apparu aussi.

J'ai parlé à cette âme (à ces âmes ?) qui, depuis longtemps, veut (veulent) entrer en communication. J'ai marmonné en m'endormant, disant qu'elle (s) étai(en)t la (les) bienvenue(s). En fermant les yeux, je fouille du regard à l'intérieur, puis je saisis une image. En viennent d'autres, elles se confondent, je sombre.

-Artigues, le 27 janvier 2018-

Cette nuit, mon nodule thyroïdien m'a encore réveillé. Il s'est soudainement durcit, je l'imaginais énorme. J'ai porté ma main sur la boule tétanisée, et là, comme par enchantement, j'ai souri d'un large sourire appuyé. Ce sourire a duré longtemps. C'était une réponse instinctive à un autre sourire que je percevais s'en l'apercevoir. Le sourire d'une femme, auréolée de gentillesse et de bonté. Une représentation assez vague est restée dans ma mémoire. L'image d'une statue grecque ou plutôt le buste, blanc-gris, dur, figé, massif, en contraste avec la douceur qui en émanait.

Les femmes de la statuaire grecque ressemblent beaucoup à des hommes. Leurs traits sont grossiers et lourds. C'était le cas ici.
Je lui ai parlé, mais ne me souviens plus de mes propos. Ma main a massé mon nodule, comme s'il s'était agi de l'intervention de quelqu'un d'autre. Cette apparition m'a plongé dans une félicité totale pendant un temps qui m'a paru long.
D'autres détails ont émergé, je les ai verbalisés pour ne pas les oublier, mais, malheureusement, ils n'ont pas survécu à mon réveil.

-Artigues, le 2 février 2018-

Cette nuit, je fus réveillé en plein sommeil par un fourmillement intense au niveau de mon nodule (pour ne pas changer), et de la pomme d'Adam.
À force de déglutir, je m'étais convaincu que la gêne (que je ressens souvent, au niveau de la trachée, gêne proche de l'étouffement), était sur le point de disparaître et d'être éjectée de ma gorge avec le nodule et la pomme d'Adam !
Allez hop ! Grand ménage là-dedans !
On crache tout et on respire enfin !
Au moment de l'expulsion, une voix de vieille sorcière, digne de ***L'Exorciste***, a parlé dans ma bouche, pour dire quelque chose comme : « Chat chaud » ; c'était plutôt crié que parlé, à la façon de ***Gollum*** dans ***Le Seigneur des Anneaux***. J'eus l'impression d'une délivrance, je ne savais comment faire pour communiquer avec cette voix. J'esquissais un sourire, la voix répéta une ou deux fois :

- Chacho ! Chacho !

Et puis tout disparut pour laisser place au réveil stupide et hébété.
Plus tard dans la nuit, je visualise la statue de Marie et, face à elle, la voix reprend son office, avec le même refrain :

- Chacho ! Chacho !

J'ai honte d'entendre un tel ton de voix, si empli de maléfice, s'adresser ainsi à la Sainte Vierge et je dis, à la voix, une chose du genre :

- Là, c'est sûr que Marie ne t'écoutera pas, c'est pas la peine de continuer, mieux vaut t'arrêter et partir.

Cette scène effroyable, au début, me fait presque rire sur la fin.

-Février 2018-

J'ai avalé mon drap et ça m'a réveillé. J'ai dit à Jeff[31], très lentement, avec précaution, que j'avalais mon drap, il m'a persuadé du contraire, mais j'ai mis du temps avant de lui donner raison.

La silhouette d'un homme de haute stature m'est apparue. Comme s'il s'était agi de la *Statue du Commandeur* ou de l'ombre de Virgile apparaissant " au Poète "[32], dessinée par Gustave Doré. Une sensation de menaces, de domination.

---

[31] Mon ex- compagnon.
[32] Dante Alighieri (1265-1321), Le poète, avec un "P" majuscule.

-Artigues, le 24 avril 2018-

Je me suis réveillé en sursaut avec une sensation d'étouffement. Me suis assis sur le bord du lit et j'ai craché des allumettes !
J'ai encore crié un truc du genre « Antara ! » Au moment où j'ai allumé la lumière, mon regard s'est posé sur une araignée de bonne taille, figée, comme je l'étais, de stupeur. Pas envie de l'écraser. Araignée du soir, espoir, que je me suis dit. Elle s'est déplacée jusqu'au coin de la petite bibliothèque, recueillant mes manuels pédagogiques, puis s'est éclipsée derrière.

-14 avril 2019-

Encore les doigts dans la gorge, pour aller chercher l'obstacle, et me voilà crachant une capsule bleue en plastique, pareille à celles qui bouchent les bouteilles de gaz. Je réveille Philippe, la lui fait voir, mais, calmement, il me dit que c'était un cauchemar et ne me crois pas.

Ces derniers temps, les ondes peuplent et envahissent mes nuits. Des voix parlent par ma bouche, un canal est trouvé dans le sommeil et une fréquence particulière apparaît : la bonne fréquence. Je me sens fort et puissant, comme si j'étais détenteur d'un pouvoir télékinésique, capable de dompter les fréquences.

Boniface[33]

Un cauchemar sublimé par un délire d'écriture. Mon futur beau-frère (Boniface, pour la circonstance), fiancé à la sœur de ma femme (la blondine) et ma femme (Rebecca)

Réveil salvateur ! C'est un cauchemar traumatisant qui a accompagné mes dernières heures de sommeil. Il l'avait quittée et sortait, à présent, avec Rebecca. Le seul fait d'écrire ces mots me révulse, j'enrage, le meurtre m'anime !

La table est mise : repas familial. Je ne suis pas présent. Les fiancés ne sont pas assis côte à côte. La blondine est en short et tee-shirt. Tout le monde bâfre et rit. J'arrive. Je me gare. Je gravis l'escalier qui conduit à la table et je l'entends, lui, dire qu'il allait épouser Rebecca. Je cherchai du regard l'ange affoli ; la promise baissait la tête, bachelette bégaude, tu consentais à cette union contre nature, sans mot dire.

Le rouge de la pudeur envahissait tes joues mafflues, tandis que ce rustaud continuait son discours sur un ton paterne. Cet avorton blèche s'enhardissait, au fur et à mesure.

Je ne pus endurer cette épreuve. Tes parents riaient.

La blondine quitta la table soudain, sans tristesse ni gaieté, emmurée dans son éternelle indifférence.

Je criais, je pleurais, je disais que ce n'était pas possible, qu'il fallait qu'il charme, une fois de plus, ce serpent ! Rebecca ne parlait toujours pas. Elle partit.

---

[33] Se dit d'une personne d'un caractère niais et crédule.

Il se leva pour l'aller embrasser… C'en était trop !
Mais le coup de grâce allait arriver : Rebecca revint revêtue de l'habit nuptial blanchissant tout sur son passage.
La robe immaculée lui seyait à ravir.
Lorsqu'il la vit, le nabot se jeta sur la belle nicette et l'embrassa goulûment, comme il soulait embrasser sa promise, auparavant.
Quel cauchemar !!! Et au lieu de me réveiller je m'enfermais dans cette réalité fictive.
Mon cœur était déchiré, broyé ; je n'avais plus assez de larmes, ma voix s'enrouait à force de cris, mes boyaux se tordaient de douleur à cette vue insoutenable !
Je réussis à parler à Rebecca. Mon état ne l'émut point.

- Je peux te parler franchement, comme je l'ai toujours fait ?
- Non, plus maintenant.

Et ce sommeil qui ne voulait plus finir !!!
Quel supplice !
Elle riait. Ses dents gélasines affichaient toute leur candeur. C'est au moment où ils allèrent sur l'herbe, pour faire des photos, qu'enfin je me réveillai, certainement recru et dépité.
Sa joliesse s'était envolée sur les lèvres de cet attrape minette. Boniface, tu riais un peu trop fort à mon goût. Il est certain que j'aurais accourci au plus tôt ton corps de farfadet si mon cauchemar eût continué. Un simple coup d'épée et on l'aurait vue rouler, ta tête hérissonne, dont le rire gras résonnerait encore sur les pentes salébreuses conduisant au Grand Chaudron d'où jamais nul ne revient !

Mes adieux au Capes

La dernière fois que je concourais au Capes externe d'italien. Une présentation pour la forme, sans aucun travail préparatoire préalable. Texte écrit en plein examen.

Les adieux sont douloureux. Ils s'écoulent en silence, balayés par les ondoiements d'une page que l'on tourne ; marqués par de petites toux discrètes, étouffées dans l'œuf par la main qui réfléchit.

La salle est immense. Il fait bon. On s'endormirait presque, tant la quiétude vous inonde. Dormir, c'est mourir un peu. À petit feu, le Capes se meurt... Je le laisse couler, lentement, de mes veines ouvertes.

Les adieux sont douloureux, ce n'est que le premier jour d'examen, il en reste encore deux autres. Au piquet, 2h30 durant, face au mur, dos à la classe, le temps est infiniment long.

Noir

Les couleurs de jadis seront désormais univoques.
Le noir : puissant, infini, inébranlable, gigantesque.
Le noir est devenu la puissance formidable que nous attendions tous.
Broyés par ses flots taciturnes, nous voguons sur son ombre immense, insondable.
Notre vie est devenue forte et intense, car inexorablement obscure.
À chaque palpitation du chaos nous jouissons des tonnerres aveugles de foutre noir.
À notre réveil, des fleurs noires s'offrent par brassées sous le poids des hallebardes,
Des fruits noirs se balancent au bout des cordes, tombant avec fracas depuis l'obscurité muette. Bientôt, le néant avalera le vieux ciel des hommes.
Bientôt, nous serons sourds et engloutis dans la noirceur majestueuse des ténèbres souveraines ; profondément abîmés, dans le sol noir d'une terre plus sombre que nos entrailles.

L'ange brisé

Aujourd'hui, à l'hôpital, rencontre avec un ange.
Un jeune homme de 17 ans, peut-être… grand, brun, vêtu d'un costume noir et d'une chemise blanche. Il était assis contre le mur, sur une des chaises accrochées les unes aux autres, disposées de chaque côté du couloir, formant la salle d'attente.
À peine entré, je sentis son regard sur mes habits indiens, je vis son sourire et ses beaux yeux rieurs. Au même moment où je m'assis à ses côtés, il me complimenta sur mon costume. Nous engageâmes la conversation.
Il y avait tant de lumière qui émanait de lui, tant de beauté et de force naïve que j'aurais voulu le prendre dans mes bras, l'étreindre passionnément. Pas seulement pour sa beauté physique, mais surtout pour sa beauté intérieure, pour la joie et l'amour qu'il diffusait autour de lui.
On l'appela au téléphone. J'appris alors qu'il vivait dans une grande maison avec un chat de sept mois qui se cachait sous son lit. La maisonnée cherchait le félin.
Soudain, l'urologue arriva, le jeune homme se leva et, ce faisant, fit apparaître son handicap : une paralysie, comme une sclérose, une attaque ou peut-être une atrophie musculaire. Bref, j'ignorais l'origine de sa démarche saccadée et empêchée mais je sus, à cet instant, qu'il s'agissait d'un ange brisé.
Une profonde compassion et un amour océan envahirent mon cœur tout entier.
Lorsqu'il sortit, je lui serrai la main en lui disant « enchanté ». Puis, je suis entré à mon tour dans le cabinet du spécialiste.

Les anges, même brisés, finissent toujours par s'envoler...
Je demandai ses coordonnées au secrétariat. On m'opposa le secret médical et l'histoire s'arrêta net, comme un moment de grâce qui ne devait et ne pouvait perdurer.
C'est ainsi.
Cette rencontre éphémère me remplit d'énergie pour le restant de la journée.
Adieu l'ange, que le ciel te guide et te protège.
Je t'aurai aimé l'espace d'un instant, l'auras-tu ressenti ?

Illustration de Philippe Laprade

Souvenir d'un voyage scolaire en Angleterre

Comment ce voyage a-t-il marqué ma vie ?
Pourquoi n'ai-je pas embrassé cette jeune fille frêle comme un petit moineau, perdus que nous étions tous deux, sous la pluie, abrités sous un porche, au beau milieu d'un marché londonien ?
La trahison d'un groupe qui m'avait fait croire que j'allais être rapatrié en France, suite au menu larcin perpétré dans un magasin de babioles. Ma fameuse crédulité qui me suit, sans pour autant me poursuivre et dont je ne me suis jamais départi.
Les bandanas que je devais envoyer à mon hôte, en échange d'un couteau à curer les chevaux et d'autres présents dont je ne me souviens plus. Bandanas jamais envoyés, influencé que j'étais par la méfiance de mes parents, au retour.
La fille de mes hôtes, nue dans son bain, qui m'appelle pour que je vienne lui ramasser la savonnette malencontreusement glissée sous elle... Ses parents étaient partis, et moi, timoré comme pas deux, incapable de me prêter au jeu, incapable de profiter de l'occasion d'un dépucelage offert sur un plateau, parce que les parents risquaient de rentrer d'un moment à l'autre, parce que, fidèle à ses compatriotes, la petite Anglaise n'était pas très jolie, bien qu'ayant un corps très convenable pour l'usage qu'elle m'invitait à en faire…

La chanson de Jésus

C'est la chanson de Jésus,
Buvez ses plaintes qui volent vers vous,
Mangez sa chair meurtrie par les clous,
C'est la chanson de Jésus,
Il meurt de joie en priant pour nous.

Illustration de Philippe Laprade

Cinquième partie

Considérations animalières

Le rêve traversant la route

Légers et graciles, deux cervidés oniriques,
Au petit trot de la nuit,
Ont bravé de leur regard
La lueur de nos phares.
Sous la ramure moussue, à l'arbre pareille,
Nous fixait la pureté du silence originel.
Majestueux, ineffables...
Princiers et admirables…
Deux sentinelles des bois,
Cheminant comme autrefois,
Deux âmes vagabondes,
Unies jusqu'à la tombe,
Surgies des siècles jadis,
Pour caresser nos iris.
Que la vie est douce sous les sabots sylvains...
Comme le temps se fige, lorsqu'il vient de loin...
Je vous rends grâce, esprits des terres du songe,
Pour cette trace vierge de tous mensonges.

Mon petit frère de liberté

Pour lui qui vient de s'écraser contre ma fenêtre, l'hiver n'aura pas vu le jour.
« Vole vers des cieux plus cléments, mon petit frère de liberté ! »

Photo de Philippe Laprade

Youri, un chien blanc dans le soleil

-Été 1998-

Un chien blanc dans le soleil.
Il cligne des yeux.
Son corps est immobile, sa bistouquette pendouille sous son ventre en faisant des pulsations régulières. Il est comme pétrifié par le soleil. Seul son petit organe et ses oreilles remuent. Sa queue tombe mollement sur ses jarrets.
De temps à autre, sa truffe s'agite pour humer la chaleur au travers de l'air. Puis, il somnole, sa tête tombe.
Un bruit incongru le fait sursauter.
Toujours dans la même position, il rêvasse. À quoi peut-il bien penser ? Car il pense, j'en suis convaincu !
Au dehors, les portières d'une voiture ont claqué, il s'est dressé comme un chien d'arrêt.
Lorsqu'il était petit on lui disait : *" Allez Youri, prends ta serviette et ton maillot, y'a tes copains qui viennent te chercher pour aller à la plage ! "* Il bougeait la tête dans tous les sens en entendant les coups de klaxon.
Finalement, le bruit sourd de l'aspirateur, le bruit feutré des voitures et le soleil ont repris leur cours habituel. Gagné par la paresse, il vient de s'étirer, le soleil l'inonde.
Son poil sale resplendit sous l'effet de la lumière éclatante.
Étendu de tout son long, il attend.
Il s'est redressé.
Ce chien n'est pas tranquille.

L'aspirateur s'est tu, le serpent rageur a rejoint son antre.
Sarah dort toujours.
Youri lèche son petit tuyau ; bien qu'il ait beaucoup pissé hier, il faudrait songer à le sortir.
Le chat vient de faire son apparition sur le tapis, il s'étire à côté du chien. Youri grogne, il déguerpit, délaisse la chaleur du rai lumineux pour la partie du tapis restée dans l'ombre.
Immobile, il attend toujours, les yeux fixés vers le balcon.
Il revient dans le sillon chaleureux, se blottit à terre, puis se relève.
Le chat rentre du balcon après avoir virtuellement chassé quelques pigeons, le chien lui cède sa place, inquiet.
Filou fait sa toilette.
Dehors, le vent mugit, une épingle à linge vient de tomber.
On entend encore le bruit des voitures, lorsqu'il y a du vent.
Quelqu'un siffle. Les oreilles se dressent. À l'intérieur mes feuillets s'agitent.
Rebecca arrive à grands pas sur le tapis, elle ferme les fenêtres.

Mon vieux Shalom

-27-03-2015-

Depuis bientôt deux mois, je m'occupe, seul, de mon chien Shalom, un Golden Retriever de presque quinze ans. Un vieux chien en proie aux rhumatismes, chaque jour un peu plus paralytique. Il n'entend plus très bien et son regard est souvent perdu dans le vague. Quand un bruit survient, il sursaute et laisse, un certain temps, sa grosse tête à l'arrêt errer dans le vent, avant de comprendre et de fixer la source du bruit. Lorsque je sors pour aller le voir, si je ne l'appelle pas ou si je ne vais pas vers lui, il ne me voit pas et ne réagit pas.

Très souvent, il aboie d'une voix sourde et étouffée pour que je vienne le relever, ses deux pattes arrière comme mortes, collées l'une à l'autre, pendant dans le vide. Je réunis mes mains sous son ventre, comme pour lui faire la courte échelle, et je le soulève lentement, en m'assurant que les quatre pattes soient bien stabilisées. Il me regarde alors avec un air de gratitude et se met en branle avec lenteur et prudence.

Je m'efforce de le promener au moins une fois par jour, pour faire en sorte qu'il se dérouille les articulations et essayer de retarder ainsi la paralysie définitive du train arrière. Récemment, je lui ai fait une série de cinq piqûres pour le soulager de ses douleurs. Tous les soirs, dans sa gamelle, il y a deux cachets : un pour le cœur et un autre pour l'arthrose. Hier, il a voulu jouer ! Alors je lui ai trouvé un bâton et, tous les deux, on a fait semblant. Lui d'être un jeune chien plein de vie et moi de le croire, en résistant à la force de sa vieille mâchoire fatiguée.

Il avait du mal à mordre le bois, il menaçait de tomber en virevoltant sur lui-même, comme un vieux toutou pataud de 35 kilos. Cela n'a pas duré très longtemps, mais il était heureux…
Lorsqu'il dort au soleil : il est heureux, dans l'abandon, la truffe au vent ; lorsqu'il marche, prenant appui, à chaque pas, sur ses puissantes pattes de devant, l'arrière-train courbé et efflanqué : il est heureux. Zoé, l'une de mes chattes, ne rate aucune promenade. Tantôt devant, majestueuse, la queue en panache, elle ouvre la route, tantôt derrière elle veille à ce que " le chien " me rejoigne. Elle va presque l'amble avec lui, soucieuse qu'il puisse aller jusqu'au bout de l'effort. Le parcours dure moins de dix minutes pour un pas normal, parfois l'on en met quinze, souvent vingt…
Depuis que je m'en occupe, je ne peux plus découcher. Une contrainte que j'assume. Il dort dans une cabane que j'ai isolée avec de la laine de verre et du carton épais agrafé sur les parois. La nuit, il lui arrive de s'oublier, de confondre les moments de la journée, d'aboyer de façon inopportune. Le matin, je ramasse, de temps à autre, des petits cadeaux nauséabonds. Lorsque je lui ouvre la porte, souvent, il dort encore ; il s'éveille à ma voix et me fait comprendre, certaines fois, qu'il lui faut un petit coup de pouce pour " démarrer ".

- Coucou le chien ! T'as bien dormi ? Allez, viens faire pipi !

L'autre jour, je l'ai brossé et lui ai retiré un manteau de vieux poils sales et empuantis.
Au début, il s'échappait toujours et je le retrouvais couché devant le garage ou sur la terrasse de mon ancienne maison qui est à présent vendue. Comment lui expliquer qu'il

finira sa vie à 100 mètres de là où il a toujours vécu et qu'il n'a plus le droit de « monter là-haut » ?
Le portillon du chalet où nous demeurons tous les quatre (et tous les cinq, une semaine sur deux), Zoé, Lili (sa sœur chatte), Shalom, Sarah et moi, était délabré et la clôture démaillée. J'ai réparé le portillon et arrangé la clôture. Les premiers jours, il s'est abîmé la truffe à vouloir éventrer le grillage, il aboyait de sa vieille voix et réunissait toutes ses forces pour passer au travers. Après ces débauches d'énergie, il avait du mal à se lever, à se déplacer, et restait longtemps amorphe.
Ces quelques lignes pour écrire, du fond de ma retraite solitaire, tout mon amour pour nos amis les bêtes. La vieillesse est une épreuve, l'épreuve ultime. Mon père a voulu gagner l'épreuve et il a sauté hors la vie. Tant qu'il ne souffre pas, j'aiderai mon chien à humer l'herbe humide avant qu'il ne se roule dedans, je l'aiderai à marcher et à se mettre " debout " parce que tant que le soleil chauffe son vieux poitrail touffu, je n'ai aucune raison de le faire euthanasier, si ce n'est d'améliorer mon quotidien et mon confort personnel, comme on me l'a déjà suggéré… Quel homme infâme serais-je alors ! Nous cheminerons tous les deux, la main dans la patte jusqu'à la fin. Je ne suis pas le seul et unique gardien du temple, nous sommes quelques-uns à garder jalousement des trésors dénués de valeur matérielle, mais pourtant si précieux aux yeux qui s'emplissent encore du sel des larmes.

Les chats et l'esthétique

Les chats se fichent pas mal de l'esthétique !

- La chape de la terrasse part en miettes, c'est moche, dit le propriétaire.
- Je m'en moque bien, dit le chat.
- L'herbe est trop haute, on se croirait sur un terrain en friche, dit le propriétaire.
- Je m'en moque bien, dit le chat, c'est même marrant car mon terrain de jeu est devenu plus intéressant et énigmatique que la saison dernière...

Et tout à l'avenant...

- Un vieux fauteuil défoncé, un lit défait ou bien un divan aux couleurs délavées par le soleil et je suis chez moi.

- Un bain de soleil où tremper ma pelisse, un bol de croquettes, de l'eau claire, de préférence celle que m'apporte la pluie, dans des cavités improbables que me défend mon maître, et me voilà heureux pour de longues années.

Les guépards au Koweït

À la télé, nous avons vu des habitants du Golfe Persique qui possédaient, en tant que particuliers, des bêtes sauvages (tigres, guépards, lions). Qui embarqués dans des voitures, qui dans des cages. Des bêtes de compagnie qui s'échappent sur les routes et dans les villes, des animaux sauvages qui se font laver et shampouiner. Il ne reste que 7000 guépards en liberté dans le monde.
Comment donc cette civilisation de Bédouins, intrinsèquement simple, humble et respectueuse de l'environnement où elle vivait, a-t-elle pu arriver à un degré de bêtises et de démonstrations aussi vaines que dérisoires ? Comment l'hyper richesse, due à la découverte et à l'exploitation du pétrole de son sous-sol, a-t-elle pu autant pervertir un peuple nomade si pur ?
Si le droit des animaux est ainsi bafoué, que penser alors des droits de l'homme sous la Charia ?

Brèves

Plutôt que je vulgarise l'accès, ne voudrais-tu pas t'élever ?

~~~

Cent fois sur le métier remettre son ouvrage. Cette maxime fait écho à ce que me disait mon père : « Faire et défaire, c'est toujours travailler ».

~~~

L'excès de présentéisme dans notre société induit une incapacité de projection qui nie le futur, et par conséquent l'espérance.

~~~

Lorsque l'on n'est plus en état d'asseoir son autorité, on s'assoit tout court...

~~~

Tout est comme le château : branlant, mais y croire est comme le prince : charmant...

~~~

Un grand luxe sage et voluptueux que celui de choisir un nouveau livre dans sa bibliothèque. Il attendait là, depuis des mois, des années...et voilà son tour.

~~~

Mes chairs pansées, stigmates de mes chères pensées

~~~

Ma verge roide s'enfonce dans le couchant,
La nuit, les braises, que rougit le vent andalou, brûlent mon corps.

~~~

Pour avoir la tête sur les épaules, encore faut-il être bien dans son assiette.
L'assiette est atteinte quand on n'est pas trop malheureux.
Par conséquent, si l'on est malheureux, on a du mal à avoir la tête sur les épaules….
Remarquez qu'il est déjà bien d'avoir des épaules, tout court, pour porter et supporter le poids de sa vie.

~~~

« Pour mon amie Marie France la merveilleuse et Nadia la laborieuse. » C'est la dédicace que Lisa[34] m'a demandé d'écrire sur les deux livres qu'elle souhaitait offrir à ses amies.
Il y a des gens qui, toute leur vie durant, auront vécu en poésie.

~~~

C'est si beau le capitalisme…
L'argent roi qui détruit des vies par choix budgétaire.
« Vous ne l'emporterez pas dans la tombe, hommes inutiles ! »

---

[34] Lisa est une lectrice manosquine passionnante et passionnée qui, depuis qu'elle est à la retraite, réalise des sculptures sur glaise époustouflantes. J'ai eu la chance qu'elle ait beaucoup apprécié ***Voyage au sud de ma vie***, au point de vouloir l'offrir à plusieurs de ses amies. Notre amitié est en chemin. (Dédicace du 1er janvier 2022)

~~~

Véronique est assise à son bureau.
Devant ses yeux éteints : une machine à écrire en braille, un clavier de quelques touches seulement.
Une machine mécanique comme les vieilles machines à écrire des années 50, que l'on retrouve, à présent, dans les dépôts-ventes, au milieu des phonos et des objets poussiéreux.
Une machine bruyante comme l'Enfer qui perfore le papier blanc, comme une mitraillette mitraille une cible en carton.

~~~

Reprendre la lecture des ***Chroniques de San Francisco***[35], après 10 jours d'absence, entrecoupée par la lecture du ***Petit sauvage*** *d'Alexandre Jardin*, c'est comme avoir sous les yeux une très grande carte postale où des amis vous donnent de leurs nouvelles, depuis les années 80, dans cette ville que vous avez adoptée, depuis le premier tome. À présent, la carte postale est le tome 4 de la saga.

~~~

Depuis quelques jours, nous avons une toute petite araignée minuscule qui squatte, immobile, sur la paroi extérieure de la douche qui donne sur le bidet. Et mon copain de dire :

« Peut-être qu'elle aime les bites ? C'est une vicieuse ».

---

[35] Une saga de 9 romans écrits par l'auteur américain Armistead Maupin. La vie quotidienne d'une bande d'amis à San Francisco, ville emblématique de la libération des mœurs et notamment de l'homosexualité.
~~~

Sixième partie

Cinémathérapie

Fragments de séances

-2012-

Le fils de l'autre

Des vagues d'émotions qui prennent aux tripes, tout au long de la séance. Une actualité géopolitique incontournable et un questionnement intérieur sur le sens de nos vies et sur nos relations avec la société. Magnifique de justesse dans l'interprétation et d'une grande intelligence dans la réalisation. Bravo *Lorraine Levy*.

Sur la route

Pour tous ceux qui, malgré eux, sont crucifiés sur place dans une vie sédentaire médiocre, prendre la route avec ces fous furieux qui brûlent de l'intérieur est un voyage qui en vaut vraiment la peine... Un pur road movie à voir et à revoir. Le voyage hors de soi est à chaque fois différent et garanti.

Dure journée, demain :

11h00 : ***Lol USA***
13h15 : ***Monsieur Lazhar***
15h00 : ***Ce que le jour doit à la nuit***
18h00 : ***Du vent dans mes mollets***
20h30 : ***Camille redouble***...

Une déstructuration totale de l'espace-temps, un envol de plus dans la dimension onirique du grand écran. Je reprends le chemin du septième art avec gourmandise et ravissement. Toujours prêt à l'ébahissement, jusqu'à l'oubli de soi.

Relations filiales et septième art

-Mai 2011-

Ce vendredi, comme plusieurs vendredis depuis le mois de septembre, c'est ma journée cinéma. Six mois passés au chalet. En haut[36], l'air devenait irrespirable. Trop de coups portés au cœur, il fallait que je redescende avant que d'étouffer.
Ce jour, donc, je me suis réveillé à 9h15. Après avoir repassé ma chemise bleue cintrée et préparé mon B-E-V[37], j'ai sauté dans la bagnole à 10h20.
Séance à 11h15 : ***De l'eau pour les éléphants.*** Une ambiance onirique, la prohibition, le cirque, l'amour, le mari, la femme, le loupiot qui entre dans la ménagerie et se fait loup, prédateur de la belle. De belles images, très douces, des couleurs harmonieuses qui collent aux années trente. Un train-univers. Les frères Benzini…Un vieillard qui raconte : un petit bijou. Dans ***Titanic***, c'était une vieille dame qui racontait la gloire de sa jeunesse et son amour fou.
14h00 : ***Thor***. La mythologie scandinave. Odin, père de toutes choses. Encore cent fois recommencés les scénarios père/fils, père/fille, mère/fils, mère/fille. Un supplice de plus. Bien plus doux que ***Et soudain tout le monde me manque***, plus amène que ***La fille du puisatier***, que ***No et moi***, que ***La permission de minuit***, que ***Le fils à Jo***, que

[36] Dans ma villa où se trouvaient encore ma femme, après notre récente séparation, ainsi que ma fille.
[37] Baise en ville (Petite valise, sac de voyage contenant ce qu'il faut pour une nuit).

Les yeux de sa mère et tous ces autres films où le thème central est la relation filiale. J'oubliais ***Tous les soleils*** ou encore ***Ariety et le petit monde des chapardeurs*** ainsi que ***Je n'ai rien oublié*** ou encore ***L'homme qui voulait vivre sa vie***.
Le troisième film a été ***Le chaperon rouge*** à 18h15. Là, c'est le bouquet, la fille tue son père, le dangereux loup garou !
Entre les deux séances, l'habituel Géant Casino et sa galerie marchande.

Les larmes du cinéma

-4 mars 2014-

Afin de me guérir de ma séparation et des mauvais rapports entretenus avec ma fille, trois années durant, j'allai au cinéma, une journée entière par semaine, de 11h00 à minuit. Une thérapie hors pair qui remplit son office.

Je sors du film ***Avis de mistral*** avec Jean Reno.
Les liens entre les êtres me bouleversent toujours autant, surtout les liens familiaux.
Ce que j'ai pu pleurer ! C'est incroyable... Je partais pour aller voir une comédie et me voilà face à ma vie, comme souvent au cinéma, face à mon histoire, face à mes histoires passées, récentes et en cours. J'ai l'impression d'être une énorme éponge, un filtre gigantesque qui absorbe les moindres émotions, avec les yeux larmoyants en guise de surverse.
Cette fois-ci, je suis parti en Provence, pas très loin, je suis retourné dans mon enfance avec les tontons, les taties, mon père, ma mère, mon cousin, ma cousine et mes grands-parents. Une époque révolue, que je contiens et comprime au fond de mon puits à souvenirs. Certains films sont autant de seaux descendus au fond du puits que mes sanglots font remonter à la surface de mes yeux emplis de larmes. Ces larmes, c'est ma vie.
Elles sont toutes mes inhibitions, ce sont celles que je ne verse pas dans ma réalité.
Je les laisse couler le long de mes joues, chaudes et cuisantes.
Ce n'est pas du cinéma mais ce sont des larmes de cinéma.

Bien calé dans mon fauteuil rouge, je pleure mes moments heureux qui ne reviendront plus ; je pleure une vie remplie de voix et de visages, une vie dans laquelle j'ai été à la fois acteur et spectateur. Ici, ce sont les repas de famille, les bedaines de mes oncles, chemisettes ouvertes, les parties de boules, les rires, les blagues, les siestes, les cigales, le vin, le Pastis et l'accent de chez nous.
À quoi sert la pudeur avec ses parents ? Pourquoi n'ai-je jamais pris mon père dans les bras ? Et lui, m'a-t-il déjà pris dans ses bras ? M'a-t-il déjà dit qu'il m'aimait ? Peut-être, mais je ne m'en souviens pas. En tous cas, moi, je suis incapable, aujourd'hui, de le prendre dans mes bras, dans l'impossibilité de lui dire que je l'aime.
Dans le noir des salles de cinéma, je me laisse aller à toutes ces confidences, à toutes ces déclarations ; ma pudeur se brise comme la glace et les images viennent débusquer cet amour pudique. Après s'être brisée, la glace fond et se transforme en un liquide lacrymal, creusant rigoles et sillons ruisselant sur mon visage. Ce qui ruisselle, c'est mon surplus d'amour.
Ce qui déborde, c'est ma pleine conscience de vitalité.
Des hommes et des femmes qui s'aiment, se haïssent, se perdent et se retrouvent, qui se disent des vérités ou les laissent deviner par des gestes ou des regards : tout ça, je le perçois et je l'amplifie, en le mettant instantanément en résonance avec ma vie, avec les gens, les lieux, les paysages et les histoires qui la peuplent, depuis plus de quatre décennies...
Seul, enfoui dans mon fauteuil, dans l'obscurité, je n'ai plus de retenues. Le peu de barrages émotionnels, qui endiguent mes profonds secrets, cèdent sous la force des raz de marée de l'âme et du cœur, en roue libre. Au Diable la décence !

Que ma vie est belle ! Que ma vie est riche ! Immensément belle, fabuleusement riche...
Comme j'ai pu aimer et comme je continue d'aimer tous les jours !
Ma fille est mon amour quotidien et éternel. Même lorsqu'on a de la colère après son enfant, c'est encore une forme d'amour.
L'amour pour mes proches est celui que j'ai le plus de mal à exprimer, aussi je viens au cinéma afin de l'exprimer de mon être, pour décomprimer mes pudeurs intimes et laisser voguer la gondole ivre de sentiments, décidément inexprimables dans la vie de tous les jours.
Enfoncé dans mon fauteuil rouge, c'est une autre réalité qui s'ouvre à mes sens. Un monde parallèle où tout mon être se laisse incarner par autant de personnages, de situations et de vies qu'il lui est permis d'accepter, à l'instar de *Woopy Goolberg*, la medium délirante et pétrie d'humanité de ***Ghost***.
Il y a des moments où je suis épuisé. Tout comme elle, j'ai vraiment l'impression d'avoir été traversé par plusieurs vies et plusieurs histoires en une seule journée, du matin au soir.
J'ai navigué sur des lacs tranquilles, sur des fleuves en furie, canoté dans des chutes en cascades, aimé le long des caniveaux, au gré des vagues passionnelles des grands océans romantiques. En somme, la traversée continue, quoi qu'il advienne.
Aujourd'hui c'est une liberté retrouvée que je savoure en écrivant ces pensées entre deux films. L'envie et le besoin d'écrire se sont emparés de ma main, lui ont glissé un crayon entre les doigts et la mine court à perdre haleine, mais sans perdre le fil, sur le dos de pages déjà utilisées.

Actuellement, l'avant-première du film ***Qu'est-ce qu'on a fait au bon Dieu*** se prépare. Le film plastique qui recouvrait le tapis rouge vient d'être retiré.
Il est 20h00. À 20h45 commencera ma dernière séance ***Salaud, on t'aime***, le dernier Lelouch avec Johnny Halliday, Eddy Mitchell et Sandrine Bonnaire.
En attendant j'écris, je lis, j'apprends et révise le texte d'***Embarquement immédiat***, la pièce de Gérard Darier que je répète avec mon atelier théâtre d'Aix, *Rouge Garance*.
Les spectateurs viennent fouler, en masse, *« en groupe, en ligue, en procession »* (comme l'avait chanté Ferrat, pour d'autres circonstances), le tapis rouge synthétique défendu par des barrières, des façons de ceintures noires amovibles, surplombant des plots cylindriques et fuselés en aluminium.
Les retardataires se pressent.
Voilà, c'est fini, la horde est passée.

Une journée entière au cinéma

-4 mars 2014-

Comment fais-tu pour passer la journée entière au cinéma? Combien de fois m'a-t-on posé la question !
Eh bien, c'est un entraînement et cela nécessite une bonne forme physique pour pouvoir enchaîner 8 heures de films ! Rester assis aussi longtemps, passer d'un genre à un autre, avec les yeux grands ouverts, une attention soutenue, sans jamais bailler ni regarder sa montre !
Ce matin du vendredi quatre mars 2014, je suis arrivé à Plan de Campagne à 11h45 après une petite heure de route, je me suis garé très facilement, pratiquement à la même place que d'habitude. J'étais à la bourre pour la séance de 11h30... Le temps de prendre mes quatre tickets avec *la carte Pass* et de monter en salle, le film avait déjà commencé.
Je suis sorti vers 13h45, j'ai filé jusqu'à ma voiture trier mon sac, poser ma bouteille d'eau et me suis rendu juste en face, au magasin de musique *Musique n°1* pour voir s'ils avaient reçu le violon que je voulais acquérir. La semaine prochaine m'a-t-on dit. Bien, je repasserai. Je sors du magasin et entre dans le supermarché *Géant Casino* pour acheter mes cinq petits pains habituels de 50 g (1 rustique, 2 aux raisins, 1 aux noix et 1 aux lardons), mes tranches de truite fumée, mon morceau de parmesan frais et mon Caffè latte Cappuccino, ma boisson fraîche pour le dessert.
14h25 : je suis à nouveau au cinéma, après m'être délesté, dans le coffre de ma voiture, de quelques emplettes et avoir trié mon sac pour y fourrer la truite, la boisson et le parmesan.

Quand je décide de passer la journée au cinéma, autant être vêtu le plus à l'aise possible. Donc, en ce qui me concerne, c'est survêt, sweat et baskets. Mon sweat étant un sweat à capuche avec les poches kangourou à l'avant, j'y dissimule quatre petits pains et fourre le cinquième dans mon sac afin de braver l'interdiction de manger dans les salles.
14h30 : ***47 Ronin*** commence. Je sors ma vendetta, ouvre l'emballage de ma truite et mon petit pain rustique que je garnis avec les filets. L'odeur me met en appétit... Je bois quelques gorgées de ma bouteille d'eau d'un litre et demi et m'apprête à préparer le second panino[38] avec le pain aux noix et le parmesan, que je casse directement dans son emballage, en l'émiettant.
Je me sens bien calé. Je suis à moitié allongé dans mon siège, de biais, la tête coincée dans l'oreille du fauteuil orienté vers la gauche, les jambes chevauchant l'accoudoir, au deuxième rang, ma rangée de prédilection, au milieu si possible.
L'avantage, quand tu viens seul au cinéma, c'est que tu peux, pratiquement toujours, te placer où tu veux, même s'il y a du monde. Toutefois, en semaine, en pleine journée, il y a peu de monde. Cela commence à s'animer à partir de 20h00.
Pas le temps pour une pause. J'avais demandé à l'ouvreuse de me déchirer les deux tickets d'affilée. Je sors de la salle 5 pour me faufiler dans la pénombre de la salle 14, pour y voir ***Avis de mistral*** avec Jean Reno : je pleure et je ris beaucoup. Je mange un petit pain aux raisins en buvant mon cappuccino, vers le milieu du film.
18h30 : je suis sorti. Je marche jusqu'à la voiture pour prendre ma pochette avec mon bloc, mes feuilles vierges,

[38] sandwich

mon bouquin ***Œdipe roi*** de Sophocle et le texte de ma pièce de théâtre ***Embarquement immédiat*** de Gérard Darier. Je reviens dans le cinéma, m'asseoir à une table et, plus d'une heure durant, je vais noircir trois pages vierges avec la mine d'un critérium à gomme.
Plus qu'une heure à attendre. Je retourne déambuler dans les allées du supermarché, je passe un coup de fil à Rebecca, m'achète des critériums, des chaussons au pommes, du jambon sous vide et un Caffè latte froid, macchiato[39].
20h55 : je suis de retour en haut de l'escalier, une autre ouvreuse déchire mon dernier ticket ***Salaud on t'aime***, le dernier Lelouch avec Eddy Mitchell, Johnny Halliday et Sandrine Bonnaire. Je rentre dans la salle 15, me place un peu plus près, pour être plus à mon aise avec tout mon trafic de victuailles. Je ne mangerai rien pendant cette séance avec Monsieur Eddy !
23h00 : je sors, mes genoux me font un peu mal aux articulations. En sortant de la salle, j'ai envie d'écrire, de raconter une journée type de 12h00 au cinéma, je tire de mon sac la feuille A4, où j'avais noté mon programme, concocté sur Internet, la veille (toute une affaire si l'on considère qu'il faut faire coïncider les horaires des films et faire en sorte que les séances se succèdent, dans un minimum de 2h de laps de temps).
Minuit. Voilà une heure que j'écris, je peux m'arrêter. J'arrive au bout de la feuille verso (qui était déjà imprimée), mes yeux commencent à fatiguer, j'ai faim, il me reste encore des provisions... Je mange, je bois et je rentre.

---

[39] Caffè macchiato : café noisette

La douloureuse épopée

-Juin 2013-

C'est pas du cinéma !

Vendredi 28 juin, 10h30 du matin, je roule en direction de Plan de Campagne pour ma sacro-sainte "après-midi cinéma".

La veille, mes élèves et moi avions festoyé autour d'un méga apéritif dînatoire "maison", à Vinon. Jean avait amené la charcuterie de sa boucherie que tient à présent son fils. La fameuse boucherie-charcuterie *Chignola* de Puimoisson. Que des produits faits maison : l'andouille, le saucisson, le pâté et la caillette !
Jacquie nous avait préparé une tarte aux blettes et un magnifique plateau de fruits dont les couleurs et les savantes dispositions nous régalaient les yeux tout en nous rafraîchissant le gosier, de loin.
De près, le gosier avait son compte avec la bouteille de frizzante à 15% d'un litre et demi de Daniel, le jus de pomme artisanal de Valensole apporté par Odile et les jus d'orange et de clémentine, bien frais, apportés par mes soins et ceux de Corine.
La pissaladière de Danielle, les pistaches, les gressins et les caramels au whisky !
Mes élèves ne voulaient pas trop travailler ; nos quatre tables de cours rectangulaires réunies, formant une table de banquet, furent prestement recouvertes de l'immense nappe aux motifs orangés, achetée la veille, pour trois euros, à un vide grenier par Danielle. Le banquet était si beau, les couleurs si vives et les denrées si appétissantes que j'ai fait la photo !

Autant dire que nous avons peu travaillé, ce soir-là... Chacun y allant de son anecdote et de son fou rire, dans une ambiance de bonhomie et de bonne humeur générale. À la fin du cours, Odile me prépara un "doggy bag" aussi riche que varié. Jacquie m'avait dit, en parlant des fruits que j'avais dévorés :

- Il faut les manger de ce soir, après ils ne seront plus bons, ils vont se gâter.
- T'inquiète, lui avais-je répondu.

Il y avait là tous les premiers fruits de l'année : les fines tranches de melon, les fraises charnues, les cerises rebondies et les kiwis couleur d'herbe tendre ; je m'en étais fait une ventrée et n'avais pas peur de les savourer en rentrant au chalet...
Le fait est qu'en réalité, j'en mangeais peu le soir même. En revanche, mon déjeuner de ce vendredi 28 au matin fut essentiellement constitué de fruits.

Mon premier film ***Les beaux jours*** avec Fanny Ardant, Pierre Chesnay et Laurent Lafitte, commençait à 11h15. Je m'étais bien arrangé pour me lever assez tôt afin d'organiser mon départ et mon séjour à Aubagne, en compagnie de Vincent, un garçon que j'avais rencontré lundi soir, à Nans Les Pins, qui avait passé une partie de la nuit au chalet et que j'avais raccompagné à Saint-Zacharie où était garé son véhicule en panne.
Nous avions correspondu sur *Badoo* où il venait à peine de s'inscrire, puis directement au téléphone.
Vincent avait envie de me rencontrer, moi de même. Nans était un bon compromis entre Aubagne et Rians. Manque de bol, sa voiture sortait du garage et son trajet se solda par une épouvantable fumée blanche distillant des gaz

polluants et nocifs qui le contraignirent à stopper sa progression à Saint Zacharie. Nans les pins, se prêtant mieux à un premier rencard en plein air, je le récupérai donc. Une fois dans l'herbe à Nans, nous conclûmes que nous pouvions prolonger la rencontre au chalet. Je l'escorterai ensuite jusqu'à sa voiture, pour son retour, assailli par les mêmes gaz, en roulant derrière lui, zigzagant au ralenti, dans les virages de la Sambuc.
Le courant était passé, la fumée s'était dissipée au profit d'un ciel serein et nous correspondîmes ainsi jusqu'à ce vendredi 28 juin, au matin, où j'avais organisé mon départ et préparé mon viatique...

J'avais prévu de voir trois films, puis de rejoindre Vincent à Marseille, au Panier, vers 19h00 où nous aurions partagé le film ***L'inconnu du Lac,*** dont les critiques qui dérangeaient le milieu gay, l'intriguaient. Notre soirée était donc bien ficelée : après le film, il m'aurait conduit dans un restau bohème du Panier, puis nous aurions gagné Aubagne pour y passer la nuit. Le lendemain, nous nous serions rendus à une avant-première (une surprise). Vincent avait ses relations et ses entrées. Samedi soir, nous aurions bu un verre chez une de ses amies qui donnait une fête, toujours sur Marseille et enfin, nous aurions à nouveau dormi à Aubagne, d'où je serais reparti le dimanche en fin de matinée.
Ça c'était le programme, tel qu'il devait se dérouler...cependant, voilà ce qu'il advint …

Vendredi 28 juin à 10h15 : avec les 45mn de route qui me séparaient du cinéma, j'étais dans les temps pour ma séance. Mes deux chattes (Lili et Zoé) étaient enfermées avec le nécessaire. Tout était OK pour mon

escapade. Ayant dépassé le rond-point de Rians pour m'engager sur la route de Jouques, un soudain mal de ventre me plia en deux et me contraignit à m'arrêter sur le bas-côté. Je pensai subitement à cette orgie de fruits que j'avais faite la veille et ce matin. Quel imbécile ! Je m'étais déclenché des coliques avec tous ces fruits (et bien froids, de surcroît).
Mon colon était tout irrité, et à présent, mon ventre tout ballonné, jusque dans le bas du dos, m'empêchait la conduite. Je me garai, me tordis dans tous les sens pour laisser passer les spasmes. Je m'essayai à la marche tant bien que mal. Les spasmes se dissipèrent, mon mal se dénoua et, petit à petit, la douleur s'assourdit. Assez pour me permettre de reprendre la route.

- Saletés de fruits ! - me dis-je, à part moi.

La douleur était sourde et supportable.
J'arrivai au cinéma sans encombre et à l'heure, malgré le quart d'heure de halte imposé par la crise de coliques. À la sortie du film, qui m'avait ravi, j'allai aux toilettes et quelle ne fut pas ma surprise en me voyant pisser du sang... Aïe...aïe...aïe !!! - Les pauvres fruits que j'avais accusés comme responsables de mon mal n'y étaient pour rien. Coliques il y avait, mais sans aucun rapport avec une quelconque alimentation et, pour les avoir vécues à plusieurs reprises, je reconnus instantanément, dans l'urine rougeâtre, les symptômes d'une colique néphrétique...

Deux ou trois mois en arrière, j'avais déjà eu mal en allant pisser : un peu de sable qui filtrait par mon urètre. Ces symptômes, aussi avant-coureurs que l'autre, m'avaient, en leur temps, alerté. Puis les jours et les semaines avaient repris leur cours sans autres incidents. Le

sable et le sang ne firent qu'un tout dans ma mémoire : je me préparais bel et bien une colique néphrétique. Eussè-je été prudent et prévoyant, je serais rentré au chalet sans plus attendre, mais voilà... l'optimisme et la témérité l'emportèrent sur mes doutes et mon mal. Après tout, il se pouvait très bien qu'il s'agît de quelques autres grains de sable un peu plus gros que ceux déjà passés les mois derniers.
Ne ressentant aucune douleur en urinant, je me persuadai qu'il s'agissait d'un peu de sable qui m'avait éraflé les boyaux, au passage, entraînant un peu de sang dans son sillage. Hypothèse tout à fait plausible qui s'était déjà avérée, lors de crises antérieures.
Par mesure de sécurité, j'appelai tout de même Vincent pour l'avertir de l'éventualité. Nous convînmes que je le tiendrais au courant à la fin de chaque séance et que nous aviserions sur la suite du programme, au fur et à mesure de la journée.
Avant d'enchaîner ***Né quelque part*** avec Djamel Debouze, je mangeai ma gamelle constituée des restes du banquet et des miens.
13h15 : Second film que j'enchaînai à 15h00 avec ***Joséphine***, une comédie sentimentale avec Marie Lou Berry.
Durant le bref entracte : pause pipi, urine normale, douleurs lointaines. Fini *Joséphine*, la douleur revînt de manière assez virulente pour m'inquiéter ; de la même façon, le sang revînt aussi dans les urines... J'appelai Vincent et résolus de ne pas le rejoindre, sans pour autant arrêter mes projections. Je pris un ticket pour la séance de 19h15 : ***Les stagiaires***, une comédie américaine...

Deux bonnes heures me séparaient de cette " dernière séance ". Je décidai de les employer à chercher une batterie pour ma titine et à boulotter un croissant ainsi qu'une tarte aux pistaches et … aux fruits des bois ! Marcher et rouler me révélèrent alors le véritable degré de ma douleur. Les cahots sont redoutables pour la maladie de la pierre. Ce dernier film, je le regardai les genoux dans les dents. Cependant, le mal n'eut pas raison de la comédie. En sortant de la salle, j'eus du mal à marcher, je me dirigeai vers les toilettes où le sang coula à nouveau. Je gagnai ma voiture, courbé en deux.

Vers 21h30 et quelques brouettes plus tard, je composai le 18. J'indiquai l'endroit précis où ma voiture était parquée, face au pub, sur le parking du cinéma. La sirène retentit assez vite, je sortis de la voiture, rassemblai mes affaires et m'en remis aux bons soins des pompiers qui prirent mes bagages, me soutinrent pour marcher jusqu'au camion, me ceinturèrent les jambes et le torse et roulèrent vers l'hôpital Nord. Un jeune homme, chargé de me faire la conversation, remplit son office jusqu'à destination.

Le trajet sera très éprouvant et douloureux, la main droite crispée sur la barrière du brancard, le bras gauche presque tétanisé à force de bander les muscles pour dérouter la douleur et des serrements de dents, à qui mieux mieux.

Aux environs de 22h30, l'équipe des marins pompiers m'avait conduit dans le hall d'admission des Urgences. La douleur s'était accrue, j'avais le souffle court et recevais des coups de bâtons sur un hématome (c'est à peu près le ressenti).

On pourrait encore comparer cette douleur à celle que l'on ressent après une opération sous anesthésie locale, quand

des organes malmenés se rappellent naturellement à votre bon souvenir...
À nouveau, les pompiers me font parler dans le but de tromper la souffrance. Les spasmes s'enchaînent, mon flanc gauche ainsi que mon bas-ventre sont martyrisés par la torture de la pierre. Ça y est, je suis dans l'enceinte d'un hôpital, je serai bientôt délivré de mes tourments par la perfusion salvatrice.
À mon grand regret, dans le camion des pompiers, je n'avais pu bénéficier d'aucune perfusion (Ce qui n'avait pas été le cas lors de ma dernière crise. Certes, il y a déjà cinq ou six ans en arrière. Néanmoins, le souvenir d'une prise en charge de la douleur, dès l'arrivée des pompiers, était bien limpide dans ma mémoire). Quoi qu'il en fût, j'étais déjà entre de bonnes mains. Une fois la perf posée, la douleur serait oubliée pour laisser place à l'épuisement.
Un scénario que je connaissais bien, au vu des quatre ou cinq autres crises précédentes. Toutefois, bien que stocké dans le hall d'entrée des Urgences, je n'en avais pas encore franchi la deuxième porte, le sésame ayant pour nom "bureau des admissions ".
Tandis que je me tordais à respiration comptée, tandis que je grimaçais, serrais les dents et me cramponnais ferme à la barrière de mon brancard...le temps passait. Le temps devenait long ; dur et pesant. Je n'avais aucune idée de l'heure, ma main gauche étant occupée à empoigner le fer lisse devenu chaud à force de le serrer.

- Il y a un problème informatique à l'accueil.

Cette phrase, lâchée par je ne sais qui, était entrée par mes oreilles pour aller se dissoudre en une pluie de sel sur mes boyaux lacérés par le charroi de ce maudit calcul calcique, en forme de quartz aux pointes bien aiguisées.

À 23h00, je franchissais le sésame, ma crise cessa. On me transféra de brancard à brancard, on me roula jusque dans les couloirs où se trouvaient les blocs, d'où les souffrances entraient et sortaient comme dans une gare.

- Bloc 14, nous avait-on indiqué.

Le pompier, en roulant mon brancard, se posa la question tout haut :

- Ils ont dit le bloc combien déjà ?
- 14, lui répondis-je avant qu'il eût fini son interrogation.
- C'est bien ce que j'avais entendu.

Roule, roule, passent, passent les néons et les plaques blanches de faux plafond.

- 14 ? Ils ont dû se tromper.

Effectivement le bloc 14 contenait déjà deux lits entourés de gens, soit assis, soit debout. Autant dire que l'introduction d'un troisième brancard était impossible dans le bloc 14. Voilà le pompier reparti à l'accueil et moi, à nouveau à l'arrêt, mais sans douleur. Nous trouvons bien vite une place dans un autre bloc. Le pompier me salue, me souhaitant du courage, puis s'efface en emportant mes remerciements aussi sincères que chaleureux.

Entrée en scène du personnel hospitalier de l'Hôpital Nord : infirmières et médecins se succèdent, se croisent, se répètent dans leurs gestes et dans leurs questions. Combien de blouses ? De quelles couleurs ? Combien d'hommes ? Peu. Combien de femmes ? Pléthore. On sent, tout de suite, le fumet de la hiérarchie qui ordonne, qui exécute, qui décide, qui prescrit, qui discute humainement et qui diagnostique froidement. Sur le mur droit de mon brancard : une rampe de prises ; j'y ai mis mon portable en charge.

Je passe le temps, non pas seul, mais accompagné du garçon auquel j'aurais dû tenir compagnie, ce soir. De façon insolite, le virtuel prend le pas sur le réel et nous apprenons l'un de l'autre dans cet échange téléphonique ininterrompu qui devrait durer jusqu'à 4h du matin ! Vincent, ou comment être accompagné tout en étant seul !

Lorsqu'on me demanda quelle personne de ma famille prévenir, mes parents étant en Corse et vu l'heure tardive, je donnai le nom et le numéro de ma fille. Ce fut, une fois de plus, un grand moment de solitude qui passa avec plus ou moins de plaisir, avec plus ou moins de blessures que la pierre ne passa. Quelle infortune que d'être admis aux Urgences lorsqu'on ne témoigne d'aucun signe d'alarme !

On me perfusa rapidement (Profenid, Spasfon, Dafalgan), mais les précieux liquides, que j'aurais pu réclamer à corps et à cris, moins d'une heure auparavant, n'avaient aucune action antalgique sur ma douleur, puisque douleur il n'y avait plus !

Vers 1h00 du matin on cessa les antalgiques, les remplaçant par des solutés hydratantes, afin de noyer ce satané calcul.

Vers 2h00, une infirmière entra me retirer perf et cathéter et m'annonça, sur un ton satisfait :

- Vous rentrez chez vous.
- Comment ça je rentre chez moi ? À 2h00 du matin !?

Entre temps, Vincent s'était renseigné sur les lignes et les horaires de car. Il existait une ligne Hôpital Nord – Plan de Campagne à 6h27 (11mn de trajet par autoroute pour un coût de 3,80€).

- Mais je fais comment moi pour regagner ma voiture sur le parking du cinéma de Plan de Campagne ???
- Eh bien, prenez un taxi.
- Non mais, attendez, il n'y a aucune prise en charge par ma mutuelle, là ?
- Ah, dans ces cas-là, non, en effet.
- Ça va chercher dans les combien un taxi pour ce trajet ?
- Dans les 20-30€, me dit une infirmière
- Dans les 50€, me dit une autre, c'est un dimanche et il faut compter avec le tarif de nuit.
- Mais je ne peux pas mettre cet argent dans un taxi, je suis déjà assisté financièrement ! Alors vous me lâchez, comme ça, à deux heures du matin avec la difficulté de retourner à mon véhicule et avec le danger d'une heure de route pour remonter dans le Haut Var ?
- Je vais redemander à l'infirmière en chef

À peine quelques minutes plus tard, entre l'infirmière en chef, décideuse avec l'infirmier en chef qui avait déjà donné ses ordres pour la pose de la perf. Une infirmière, du genre cheftaine des Balkans qui me tînt à peu près ce langage :

- Pour nous, vous ne présentez plus de symptômes, par conséquent, vous pouvez sortir.

L'hôpital avait rempli son office et me rendait nu et cru à la rue. Une infirmière compatissante m'avait bien indiqué un banc dans le hall de l'édifice, mais moi, je n'avais qu'une envie, c'était retrouver ma voiture au plus vite.
Ni une ni deux, me voilà en train d'arrêter des voitures sur le départ, depuis l'hôpital. Par chance, je tombe rapidement sur un gars qui passait par Plan de Campagne. Il accepta de me prendre en stop.
Chemin faisant, je lui racontai la douloureuse épopée qui se termina face au cinéma Pathé où je grimpai dans ma caisse vers 3h00 du mat. La mémoire encore emplie des histoires cinématographiques de la veille. On ne pourra pas dire que j'aurai "fait du cinéma" ni "mon cinéma". La vie c'est imprévisible et précieux, mais aussi intense quand on la suce jusqu'à la moelle. Avec l'optimisme et l'opiniâtreté comme étendards, on vit pleinement ses expériences. Certains auraient renoncé aux films, pas moi ! Le ver était dans le fruit. Néanmoins, j'ai croqué la pomme jusqu'au trognon avant de la balancer. Quant à Vincent … c'est une autre histoire[40]…

24 juin 2013

- *Bonjour, profil intéressant*
- Hello ! Toi aussi pas mal le profil, et en plus tu habites dans un très joli coin !

[40] Une histoire parmi tant d'autres que vous pourrez lire dans le troisième recueil **Arôme naturel**, qui sera publié en 2023. Ci-dessous, un extrait de nos premiers échanges sur le site de rencontre *Badoo*.

En fait je suis tout neuf depuis hier soir sur Badoo...
C'est un peu galère pour moi ce système...
Vraiment très joli profil !!
Ben pas très loquace... Mais vu que ton profil me plait vraiment... Je suis parti pour insister !!!!
Que fais-tu dans ton joli village ??? Moi aussi suis au vert dans la plaine agricole aubagnaise.

- *Appelle-moi : 06 - ...*

26 juin 2013

- Douce nuit mon bel inconnu un peu vicieux !!! Merci pour ces heures de discussions partagées.... 10 min auront suffi pour te faire signe. **Vixenzo.**

- Un coucou avant de partir bosser... tu vois, je ne tarde pas ! Bises et belle journée.... **Vincent**

- *En effet, tu n'as pas tardé ! Moi je ne me suis pas connecté de la journée, j'ouvre à peine mon ordi.*

28 juin 2013

Pendant que tu te tords, ma glandouille fait grandir un profil bien maigre... Pour le transformer en épouvantail à cagole !!! J'espère que tu vas aller....
Bravo, avec ces incidents de santé qui je l'espère ne dureront pas, tu as réussi le tour de force de me créer un manque. Remarquable ! Manipulateur sans le vouloir... Je pense que tu es une belle personne. Je t'embrasse.
Vincent.

Septième partie

Tableaux et Poèmes

La folle

La folle est en liberté,
Elle a brisé ses liens,
La tête déchevelée,
Elle hurle avec les chiens.

Illustration de Philippe Laprade

Une crinière sauvage

-1990-

J'avais alors dix-huit ans…

Une crinière sauvage flotte sur des épaules satin, les lèvres entrouvertes, elle sourit, elle dort, elle jouit, elle mord.
Le corps baigné d'une chaleur caressante exhale un parfum de jasmin qui envahit sa couche.
Sa peau luit uniformément.
Des perles de sueur coulent en cascade, au creux de ses reins brisés ; une à une elles glissent, elles s'unissent en un lac salé, endigué par une croupe ayant la fermeté du cuir, la douceur de la pêche.
Tels deux monts de Vénus, séparés par un fossé, elles semblent dorées à l'or fin, elles n'aspirent qu'à être croquées et pétries ; bien plus que des fesses, ce sont des fruits.
Deux fuseaux divinement galbés en sont l'harmonieux prolongement duveteux.
Une brise futile rafraîchit l'alcôve. Au dehors, l'épaisseur d'une nuit moite distille une vapeur envoûtante.
Elle frissonne soudain, le lac s'ébroue et déborde dans le fin sillon de sa taille ; la petite rigole se précipite alors sur les draps.
Elle s'est tournée avec la grâce d'une lionne, féline jusqu'au bout des ongles, elle s'étire… Elle est magnifique.

Racée, elle rayonne de jeunesse.
Son cou de biche domine une poitrine généreuse, affolante.
Deux seins de marbre sculptés par un maître de l'amour ont le moelleux du velours et le teint des chaumes.
Surmontés de deux framboises onctueusement juteuses, ils sont froids comme l'hiver et paraissent implorer des paumes masculines brûlantes d'envies, chargées de désirs.
La chaleur s'est accrue, un nouveau lac est né, son nombril en est le lit ; une rivière de sueur, s'étant frayé son sentier entre les deux collines de chair, inonde peu à peu le centre de son corps, conquiert la tendresse de son ventre lisse comme la plaine. Le liquide salé, tel un étang, s'y installe.
Quelle joie ce petit ventre mince et chaud !
La sueur n'ira pas plus loin, une forêt tropicale borde l'étang, on y respire des senteurs florales, des effluves de plaisir.
Il est dangereux de s'y aventurer car des sables mouvants vous y engloutissent sans crier gare.
Mais, il est, des fois, des dangers si forts, si bons, si suaves, qu'ils vous envoûtent en un coup de reins.
Le chant des sirènes, c'est si bon de s'y laisser prendre.
La nébuleuse des sens ne s'assouvit jamais.
Le corps de femme est un puits de plaisir, un volcan de désirs.
Combler leur soif, tel est notre privilège.
Nous sommes les chênes, elles sont le liège, unis jusqu'à ce que l'on nous déchire.

Le froid

-1991-

J'ai froid au cœur quand je n'aime pas.
Amour absent mais désir brûlant.
Des matinées de rêves et des soirs de conquêtes
Trahis par des journées blafardes.

Matinées songeuses,
Fictif conquérant nocturne,
Songeur matinal,
Puis triste velléitaire le jour,

J'ai froid au cœur quand je n'aime pas.
Amour absent mais désir brûlant.
Songeur matinal puis fictif conquérant nocturne,
Enfin triste velléitaire le jour.

Tel est mon dû, telle est ma vie
Empêtré dans la monotonie,
Enveloppé d'étranges et solides amitiés,
Une heureuse rencontre pourrait la bouleverser[41].

[41] Un an plus tard, sur les bancs de la Faculté de Lettres d'Aix-en-Provence, je rencontrai celle qui allait devenir ma femme.

Ma rencontre avec Fanny Ardant

-2006-

Paris - Théâtre de la Madeleine-
La maladie de la mort de Marguerite Duras
Seule en scène

Fanny,

Le 8 juillet au soir, je me suis noyé dans *"la mer noire"* de votre regard. Nous étions devant le théâtre de la Madeleine. Je vous ai dit : *« Moi aussi j'ai payé pour vous voir*[42]*... et je vous ai vue ! Dans toute votre splendeur, vous êtes magnifique. »*
Puis, telle la lave, votre voix a coulé, incandescente, au travers de mes sens. Il faisait noir sur votre silhouette élancée. Je vous ai pris la main pour vous saluer et, m'enhardissant, je vous ai demandé si je pouvais vous embrasser. Vous m'avez dit : *« bien sûr »*. Mes joues ont frôlé vos joues, ma main a caressé votre main. Un pur moment de béatitude. Je vous ai regardée vous éloigner jusqu'à votre taxi, vos bas noirs se chevauchant sous l'impulsion rapide de vos pas.
Je savais avec certitude que je n'étais pas mort. La maladie ne m'atteindrait pas de sitôt.
Continuez de nous insuffler la vie divine Fanny.

[42] Propos en référence à la pièce où Fanny Ardant incarnait une prostituée

De votre démarche à votre voix, de votre regard à votre jeu, rien de ce que vous laissez paraître ne saurait être perfectible.

Merci.

Mon petit monde

Du temps de feu mon union[43]
(1992 -2011)

Mon petit monde figure sur les cinq doigts de ma main.

Sur mon annulaire gauche, trône ma compagne, d'or couronnée,
Sur mon auriculaire, juste à côté, se tient ma sœur d'âme bien-aimée,
Mon majeur, lui, est à l'image de ma mère, le doigt fripon et vif.
C'est sur l'index que mon père repose, sur ses gardes, toujours dressé.
Sur le pouce, se campe la douce croyante, jadis libertine.

Lorsque mon poing se serre, ils sont tous réunis,
Couchés sur ma paume encore douce et tiède.

---

[43] Mon mariage, lui, durerait officiellement jusqu'en 2018.

L’hiver en la nuit

Le jaune s’en va, puis l’orangé,
Sur les feuilles, le jour s’incline,
Plus de force, plus de sève.
L’automne se bat de toutes ses couleurs.
Sans vigueur, sans lueurs, s’éteignent ses ardeurs.
Par-delà les carreaux glacés, c’est le Grand Hiver
Qui gèle le cœur d’une fin d’automne.
Depuis le printemps, elle l’espère.
Il est là, ce géant qu’elle attend.
L’Hiver prend la Nuit.
La Nuit froide aux étoiles dressées
Pointe son ombre face au grand corps gelé.
Ils s’étreignent, sans manteaux ni lumière.
Le froid, les glacières, les glaçons, les congères ;
Ils s’aiment en une coulée de neige…
Il vient en flocons au sein des ténèbres lunaires.
C’est l’amour de la Nuit et du Grand Hiver.
Transis de silence, engourdis de glace crépusculaire,
C’est l’amour de la Nuit et du Grand Hiver.

L’amour est comme les blés

On ensemence la terre comme on ensemence les cœurs,
Les blés germent sous terre comme l’amour secret,
Les blés crèvent la terre comme l’amour, au grand jour, apparaît.
Les blés croissent sous le soleil comme l’amour grandit,
Puis, survient la moisson où les blés sont fauchés,
L’amour se brise, comme se brise le foin séché,
Il se consume comme un feu de paille en été,
Il se transforme en souvenir comme une meule de foin, au fenil, remisée.
L’amour est comme les blés, il peut aussi ressusciter,
Les grains de blé moulus donnent le pain,
Sa mie est chaude et moelleuse, sa croûte craque sous les doigts.
L’amour renaît, se gonfle,
Sa fibre est chaude et moelleuse, sa croûte craque sous les doigts.
Le pain nourrit, l’amour nourrit.
Le pain se partage, le pain se multiplie, l’amour aussi.
Puis, arrive un jour où l’amour s’assagit.
Les toits de chaume abritent le foyer,
Ils sont chauds et rassurants, comme l’amour, ils défient le temps.

Les sangs mêlés

Une main volatile séduit le fruit vespéral,
Leur union chauffe les sangs mêlés,
Un bouquet de douceur inonde le souffle virginal,
Les Floralies parfument le cuir salé.

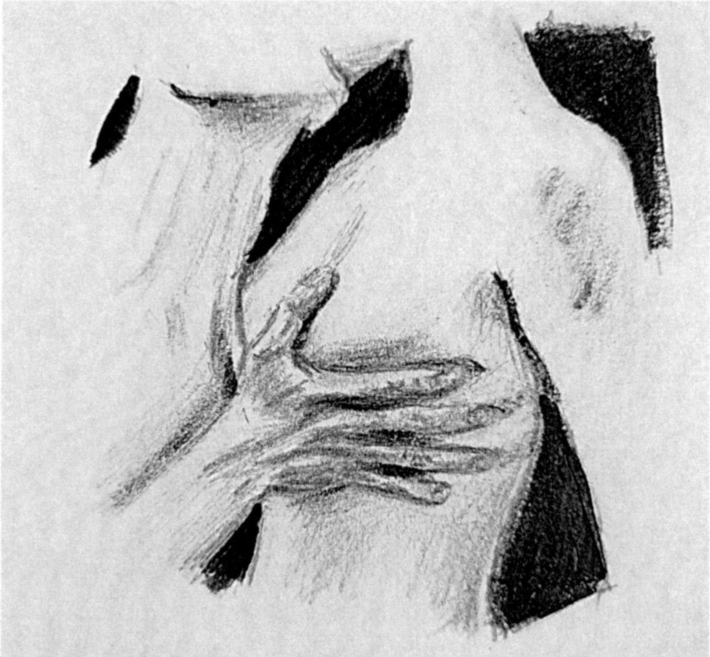

Illustration de Philippe Laprade

Madame

Cette belle dame, jadis pleine de vie, était atteinte d'une maladie dégénérative fulgurante qui l'emporta en quelques mois.

Malicieux et caressants,
Ils m'accompagnent souvent.
Le poison vous taraude,
Or, luit l'émeraude.
Ce regard, c'est le vôtre,
C'est celui de l'apôtre.
Le mal vous aiguillonne,
Mais lui, émérillonne.
Votre force aime le velours,
Le venin poursuit son cours.
Chassez-le de votre vie !
La noblesse vous sourit,
Votre âme est une flamme,
Le courage est la dame.
Le combat vaut la peine.
Madame, régnez en reine !
Le charme ne se rompt pas.
Et si la vie s'arrête là,
Elle chambole au-delà.
Tirez l'épée madame !
Nous vous portons en nos cœurs,
Et partageons vos malheurs.
Mordez ! Griffez ! Hurlez ! Va !
Madame, effacez tout cela !
Domptez votre souffrance !
Tous unis dans la danse.

Les vers à bois

-Novembre 2017-

Nos anciens compagnons, les vers à bois, sont revenus bruire dans le chalet. Calées entre l'armoire et le petit établi, les bûches occupent, à nouveau, le petit espace, naguère libéré. Lorsque le silence fait loi, les petits amis s'entendent au fond du bois. Ça mange, ça grignote, ça ronge, ça fore, inexorablement, la maison ligneuse qui les abrite. Bientôt, la maison et ses habitants partiront en fumée dans le grand incendie qu'ils ignorent encore…

L’incandescence est sœur d’innocence

Le sombre breuvage que Prométhée offrit,
Verdit la terre pour mieux rougir les hommes.
Dans l’incandescence brille l’indécence des sens.
La même pourpre rougeoie leurs veines outrées.
Le jade en gésine charrie le rubis écarlate.
Le vert le cède au rouge,
Les veines fleurissent sur les corps barriques.
L’ivrogne, gorgé de lave incandescente,
Nourrit sa peau enfiévrée de vergogne luisante.

Paul

-Le 25-11-2021-

Raissac sur Lampy, dans l'Aude.

Paul,

Le peu de fois que nous nous sommes vus a suffi pour que vous disiez *« les enfants »* ou encore *« mes enfants »,* en parlant de Philippe et de moi. Cette marque d'affection s'est accompagnée d'une bienveillante complicité. Vous m'avez accueilli à bras ouverts et je vous en suis reconnaissant. Nous nous serons peu connus, tous les deux, mais assez pour savoir que nous nous apprécions mutuellement.
Je tenais aujourd'hui à vous souhaiter un bel au-delà, sans vagues ni tempêtes, un peu comme la vie que vous avez vécue. Celle d'un homme serein et tranquille que j'ai vu s'éteindre sans bruit, comme une bougie.
Puisse cette petite flamme paisible se rallumer dans nos pensées et, de loin en loin, veiller sur nous.

L’insouciance retrouvée

-2018-

L’appartement de Philippe, à Frontignan, était situé au- dessus d’une boulangerie.

Des odeurs de brioche entrent dans mes narines.
À chaque inspiration, une région de mon cerveau s'active pour me transporter au pays de l'enfance.
Douce drogue que cette inhalation-là.
Je ferme les yeux en humant mes souvenirs de mioche. La quiétude s'installe, le bien-être apparaît.
Cette odeur de brioche, c’est le bonheur de l'insouciance retrouvée.

Gompo

-août 2019-

Un petit Bouddha rêveur vient d'entrer dans notre vie.
Un coup de cœur apaisant, aux yeux clos et au doux sourire.
Un tendre enfant Bouddha rêvant, alangui, dans les plis de sa robe ligneuse.
Gompo, il se nomme.
Gompo a traversé les océans en rêvant.
Désormais nous rêverons ensemble dans le chalet de bois.
Tous les trois réunis dans la caresse du yogi.

Photo de Philippe Laprade

Fragments d'images

-12-10-2015-

En tunique, capuchon et poulaines, j'ai caressé trois ânes de Provence dans une propriété somptueuse. Un sanglier a traversé la route en plein jour, devant ma voiture, dans les lacets entre Gréoux les Bains et Saint-Martin de Brômes. Un peu plus loin, deux poules sur le bas-côté, une blanche et une noire.
À Manosque, le regard de Jésus agonisant sur la croix dans l'église Saint Sauveur.
Moi, debout sur le socle, sous ses pieds, son corps en surplomb.
À Gréoux, une lecture paisible, sur une placette à l'écart, ceinte de quatre murets et accolée à une porte voûtée.
Moi, en tunique, capuchon et poulaines, assis sur un banc de pierres, adossé au mur vieux de plusieurs siècles, buvant à ma gourde en cuir. La petite musique mécanique d'***Amélie Poulain***, surgissant de mes mains, lorsque je tourne la minuscule manivelle dans les venelles provençales ; le château des Templiers… les compliments d'une passante.
À Manosque, le café sur la place des Marchands avec le gâteau arabe aux cheveux d'anges.
Moi, somnolent, enfoui dans mon capuchon. Le repas avec ma fille et sa moitié, main dans la main, les yeux brillants.
Tout est présent sous nos yeux. Encore faut-il regarder pour voir.

Isabeau

Isabeau,
Chienne farouche que traquent les hommes,
Tu t'enfuis à travers champs, sous un ciel d'automne.
Tes cheveux sont sales Isabeau, couverts de boue et de sueur.
Tu galopes à travers trèfles et feuilles,
Isabeau, tes seins bondissent outre chemise.
Sous la rosée glacée, tes beaux seins se roidissent.
Ton souffle est court, belle Isabeau.
Cherche un refuge pour tes pieds écorchés.
Les hommes jurent, les hommes crachent, sur leurs chevaux, ils se rapprochent.
Couche toi là, douce victime,
Dans ce lit de violettes tu t'endors.
La chamade bat dans ton cœur,
Le tocsin ébranle la petite lueur.
Tes seins sont las Isabeau, tes seins de miel que soulève ton cœur.
Ils sont là ; leurs chevaux t'encerclent, ils piétinent ton tombeau.
Tu es libre ma belle.
Tu t'enfouis à travers champs sous un ciel d'automne.
Dors mon Isabeau, je t'aimerai et sous le trèfle et sous la feuille.

Huitième partie

Épilogues

On remballe !

Observations à la suite des premiers marchés nocturnes, arpentés durant l'été 2021

Au moment de remballer, j'ai remarqué, dans le regard des passants, la désagréable sensation d'avoir manqué un achat intéressant. Le fait de soustraire au regard un objet inconnu suscite le mystère et la convoitise. Comme si l'on s'était fait duper, comme si l'on avait raté une rare opportunité.

On veut tout voir et tout avoir, par peur de se faire avoir !

Adieu mon chien

-25-05-2015-

Bien qu'affaibli, incapable de se lever et de se tenir debout, hier soir, il jouait encore ! Adieu mon chien, adieu Shalom. Il a rendu son dernier souffle dans la voiture, ce matin, alors que je l'emmenais chez le vétérinaire de garde pour abréger son agonie. Il a attendu sa maîtresse pour s'en aller, cela s'est joué à cinq minutes près. Il aura bien vécu. Je ne regrette rien. Merci mon chien pour tout le bonheur que tu m'as apporté.

Shalom, Shalom

L'illusion

Chacun trace son sillon, là où tout n'est qu'illusion.
On s'énerve, on s'apaise, on aime, on souffre et puis l’on meurt. Toutes ces gesticulations spasmodiques dans le seul but de vivre.
Des conflits, des combats, des aversions, des détestations, de la haine, de la rancune, du ressentiment.
À quoi bon s'obscurcir le cœur avec ces sombres sentiments ? Toute cette dépense d'énergie à couver et à attiser le mal est une perte de temps.
Cherchons à nous extraire des bas-fonds pour nous élever encore et toujours vers la lumière.

Il ferme la porte et il part

Il ferme la porte et il part. Un sac en bandoulière, une miche de pain, un couteau, une tome de fromage de brebis et un demi-jambon. Son chapeau à larges bords, celui des jours de grands voyages à travers champs et vallées. Sa cape de gros drap noir, pour le garder du mauvais temps, tunique, pourpoint et poulaines. Il part à pied, sans but, ne sachant pour combien de jours, de semaines, de mois ou d'années...

Il part par un matin d'été avec la chanson des oiseaux familiers. Il laisse derrière lui tout un bric à brac d'objets et de vaisselle, d'affaires et de papiers. Le monde est sur son chemin. Il sera bientôt sans le sou, vrai. Toutefois il prendra le temps de vivre dans l'eau des sources et la chaleur du soleil. Un livre à la main pour nourrir sa tête et fortifier son écriture, une feuille patiente pour recueillir, brute, l'encre de sa vie. Il n'a plus de lien, plus d'attache, plus aucune connexion télématique.

Il s'appuie sur son bâton et se connecte à la nature environnante. Tout lui parle et il parle au Grand Tout. Relié à l'Univers, en foulant la terre, il ouvre ses sens pour accueillir la beauté du monde. Trop souvent abusé, il quitte la société des hommes.

Avez-vous déjà échangé un long regard avec un animal ? La malice ne trouble jamais leurs iris, tout au plus l'instinct de prédation pour les chasseurs, seule image de la force animale conquérante. Chez nos congénères vous observerez la haine, le dépit, la convoitise et l'envie, la moquerie, la condescendance, le mépris et le dégoût, multiples expressions de la force humaine conquérante. Avez-vous déjà étreint un arbre ? Avez-vous jamais plongé la main dans l'eau vive des torrents ? Avez-vous seulement pétri la terre du sol ami depuis le premier cri ? Voilà l'essentiel, désormais que l'amour humain lui a tiré sa révérence. « Que reste-t-il de nos amours ? » Si l'amour entre deux êtres est le plus connu, l'amour universel est le plus grand. Aimer un animal, une source, un arbre ou la terre organique, c'est être relié à une entité d'amour.

C'est ainsi qu'il veut vivre, dans la lumière des jours, sans faux semblants et sans problèmes, entouré de ces êtres qui l'aiment et qu'il aime pour ce qu'il est et pour ce qu'ils sont : des atomes de matière vivante emplis de riche énergie naturelle.

Table des matières

Postface

Si vous avez aimé ce livre, parlez-en autour de vous ! Merci de laisser un commentaire sur **Babelio**, le site communautaire de lecteurs, afin de participer à sa promotion et à sa diffusion, ou bien directement sur **mon adresse mail** :

www.babelio.com / lorenzo-recita@hotmail.fr

Déjà paru en 2021

- **Voyage au sud de ma vie** : un premier recueil de textes et de poèmes aux couleurs de la Provence. Il est constitué d'un hommage rendu à mon père, cassidain de souche, d'une courte nouvelle située à Barjols, d'une dizaine de poèmes, de nombreux tableaux aux couleurs vives et de tranches de vie universelles et authentiques.

À paraître en 2023

- **Arôme naturel** : un troisième recueil narrant le parcours psychologique et amoureux d'un quadra " nouvellement " homosexuel, au moyen d'une galerie de portraits, de lieux et de situations à la fois cocasses, authentiques, poétiques et licencieux.

Pour suivre mon actualité littéraire, découvrir ***les bonus lecteurs,*** voir l'agenda des manifestations, les points de ventes, commander mes ouvrages en ligne où encore m'écrire :

www.laurent-maero-auteur.com +

Remerciements

Merci à mon compagnon ***Philippe Laprade***, qui a contribué non seulement à la relecture, mais aussi à la réalisation des dessins et montages photos présents dans cet ouvrage.

Merci aux 400 lecteurs et lectrices qui m'ont déjà soutenu et accordé leur confiance, en ajoutant à leur bibliothèque. ***Voyage au sud de ma vie***, mon premier recueil.

Merci aux lecteurs présents et futurs.

Merci pour tous vos retours chaleureux et encourageants.

Merci aux librairies qui ont bien voulu m'accueillir ainsi qu'aux organisateurs de salons et de manifestations littéraires.

Merci à tous les auteurs présents dans ma bibliothèque et particulièrement à ***Christian Bobin***, ***Philippe Delerm*** et ***Jean Giono*** pour avoir ravi mon imaginaire de lecteur et nourri mon écriture.

Enfin, merci aux émissions littéraires ***Apostrophe***, ***Bouillon de culture***, ***Un siècle d'écrivains*** et ***La Grande Librairie***.

~~~

J'espère sincèrement que vous serez encore nombreux à lire ce premier ouvrage ainsi que ***Causeries vagabondes*** et prochainement ***Arôme naturel***, le troisième et dernier volet de cette trilogie autobiographique[44].

---

[44] Notez que les trois recueils sont indépendants les uns des autres, leur lien résidant uniquement dans la continuité autobiographique.
~~~

Imprimé en France sur les presses de

Imprime ton livre
12 rue des cigognes
66700 Argelès-sur-Mer

Dépôt légal : mai 2022

Achevé d'imprimer : juin 2022

Disponible en audiolivre et en version numérique
sur le site **www.laurent-maero-auteur.com**